EURIPIDE
HÉCUBE

Traduction de Danielle et Jacques JOUANNA

Texte annoté et questions
par Danielle JOUANNA
Agrégée de lettres classiques

et

Anne-Marie BACQUIÉ-TUNC
Agrégée de lettres classiques

LES
BELLES
LETTRES

Hatier

© HATIER / LES BELLES LETTRES – Paris, août 2011 – ISBN 978-2-218-95338-5

Avant-propos

■ Les nouvelles épreuves du baccalauréat – définies dans le B.O. du 9 avril 2009 – ont inscrit au programme de Terminale une œuvre de la littérature grecque. Il s'agit, pour les sessions 2012 et 2013, d'*Hécube* d'Euripide.

■ Nous avons tenu à donner ici le texte intégral de la pièce mais découpé en vingt-huit séquences de plus ou moins cinquante vers, de façon à laisser au professeur le choix des textes qu'il souhaite étudier.

Pour se préparer à l'épreuve

■ Sur ces vingt-huit séquences, treize sont présentées de façon à être utilisées dans le cadre de l'entraînement à l'épreuve écrite du baccalauréat. Le texte y est bien sûr introduit par un court chapeau le mettant en contexte mais il est également accompagné de notes d'aide à la traduction[1] et d'un questionnaire en quatre temps : une première question porte sur un fait de langue, une deuxième sur une comparaison de traduction, une troisième sur l'analyse littéraire du passage ; enfin, une quatrième question invite à traduire sous forme de version un passage de huit à dix vers.

■ Pour permettre aux élèves de faire la comparaison de traduction demandée, nous avons donné chaque fois plusieurs traductions portant sur quelques vers particulièrement intéressants et empruntées à des éditions variées : celles de Louis Méridier (« CUF », © Les Belles Lettres, 1927), de Nicole Loraux et François Rey (« Classiques en poche », © Les Belles Lettres, 1999), de Claire Nancy (© GF-Flammarion, 2000), de Victor Debidour (traduction reprise dans *Les Tragiques grecs, Eschyle, Sophocle, Euripide, Théâtre complet*, © La Pochothèque, 1999). Nous y avons ajouté des traductions du XIXe siècle (disponibles sur Internet) : celles de Leconte de Lisle (Alphonse Lemerre, 1884), celles de M. Artaud (*Tragédies d'Euripide*, Charpentier, 1842) et de M. C. Leprévost, qui a paru dans *Les Auteurs Grecs, Euripide,* Hécube *expliquée, traduite et annotée* (Hachette, 1845, réédition © Elibron classics).

Pour travailler le commentaire

■ Les séquences restantes sont présentées de façon plus succincte : elles ne comportent pas de notes et sont suivies d'un questionnaire invitant à relever les principaux points à commenter dans le passage.

Bonne lecture,
les auteurs

---

1. Nous ne donnons pas ici le vocabulaire, sauf cas particulier, les élèves étant invités par les textes ministériels à utiliser leur dictionnaire.

Baccalauréat

Épreuves de langues et cultures de l'Antiquité (latin et grec)

■ 3 épreuves :
– l'épreuve obligatoire et de spécialité, en série L : épreuve écrite ;
– l'épreuve facultative pour les séries L, S et ES : épreuve orale ;
– l'épreuve de contrôle du second groupe (rattrapage) en série L : épreuve orale.

L'épreuve écrite

■ Elle porte exclusivement sur l'œuvre mise au programme, qui sera renouvelée tous les deux ans. Durée : 3 heures. Coefficient : 4.

■ L'épreuve est divisée en deux parties. Le support de l'épreuve est un extrait d'une trentaine à une quarantaine de lignes ou vers accompagné d'une traduction, à l'exception d'un passage consacré à la version.

■ **Questions (60 points) :** trois questions sont posées sur le texte.
– La première question porte sur un fait de langue – morphologie, syntaxe, lexique – constitutif du système linguistique grec ou latin et cherche à en évaluer l'acquisition.
– La deuxième question porte sur une comparaison de traductions, qui nécessite la mise en œuvre de compétences linguistiques en grec ou en latin, et en français.
– La troisième question porte sur le sens du texte et sa qualité littéraire ; elle conduit le candidat à adopter une démarche de commentaire ; elle établit nécessairement un lien entre le texte et l'œuvre au programme à laquelle il se réfère ; elle invite aussi le candidat à relier ce texte à des textes ou à des œuvres artistiques qui, au cours des siècles, en sont les prolongements.

■ **Version (40 points) :** elle porte sur un extrait appartenant au texte (éventuellement à son contexte immédiat). Cet extrait comprend de 50 à 60 mots.

L'épreuve orale

■ Durée : 15 minutes. Le candidat fournit à l'examinateur la liste des textes (environ 200 vers ou lignes) étudiés pendant l'année terminale, organisée selon les entrées inscrites dans le programme (œuvre complète ; interrogations philosophiques ; interrogations scientifiques ; interrogations politiques).

■ L'examinateur propose au candidat un passage représentant environ le quart du texte retenu ; le candidat devra traduire ce passage. Puis il devra préparer un commentaire de l'ensemble du texte en le mettant en perspective avec l'entrée du programme correspondante.

Extraits du B.O. n° 15 du 9 avril 2009

Sommaire

INTRODUCTION

Hécube

INTRODUCTION

Regard d'ensemble sur *Hécube*

Lorsque les Grecs, sous les ordres d'Agamemnon et de son frère Ménélas, viennent assiéger Troie pour reprendre Hélène, la femme de Ménélas, le roi Priam règne à Troie. Il a eu, dit la légende, cinquante enfants, dont dix-neuf de son épouse légitime, Hécube.

Dix ans plus tard, au moment où se situe la pièce, Troie est tombée grâce à la ruse d'Ulysse (c'est le fameux épisode du cheval de Troie). Hécube a perdu son époux Priam, et presque tous ses enfants ; ses fils, comme Hector le vaillant, sont pour la plupart morts au combat ; les vainqueurs se sont partagé ses filles. La flotte grecque a quitté Troie, mais reste bloquée en Chersonèse, faute de vent.

Hécube a encore, croit-elle, au moins deux enfants : sa plus jeune fille, Polyxène, captive avec elle d'Agamemnon, et son plus jeune fils, Polydore, confié à un roi thrace ami. Elle va découvrir dans cette pièce le meurtre imminent de l'une et celui déjà accompli de l'autre.

De quelles armes une femme prisonnière, âgée, sans aucun pouvoir, dispose-t-elle devant ces coups du destin, pour sauver ce qui peut encore l'être ou punir les criminels ? Peut-elle compter sur la pitié, sur la reconnaissance, sur la justice des hommes ? Ou sur une justice immanente qui autorise la vengeance ?

Hécube finit par incarner toutes les victimes de guerre, et en particulier les femmes, comme le dit Marguerite Yourcenar dans *En pèlerin et en étranger* :

Une génération assiste au sac de Rome, une autre au siège de Paris, ou à celui de Stalingrad, une autre au pillage du Palais d'été : la prise de Troie unifie en une seule image cette série d'instantanés tragiques, foyer central d'un incendie qui fait rage sur l'histoire, et la lamentation de toutes les vieilles mères que la chronique n'a pas eu le temps d'écouter crier trouve une voix dans la bouche édentée d'Hécube.

Alors, une pièce pathétique ? Sans doute, mais pas seulement. Polyxène fait entendre aussi la voix héroïque des jeunes. Et Euripide a su faire de ce canevas prévisible une pièce pleine de rebondissements, de bruit et de fureur, dont la fin impressionnante est annonciatrice des grands drames shakespeariens.

Euripide et la tragédie grecque

L'essor de la tragédie grecque au ve siècle

On attribue au tyran Pisistrate la création à Athènes, en 534 avant J.-C., du festival annuel des Grandes Dionysies. Ce concours dramatique, où s'affrontaient trois concurrents préalablement sélectionnés par l'archonte éponyme, contribua indiscutablement à l'essor du genre tragique, dans la mesure où il suscita beaucoup de vocations dramatiques. Les trois grands noms qui nous sont parvenus, ceux d'Eschyle, de Sophocle et d'Euripide, ne représentent qu'un petit nombre de ceux qui s'illustrèrent dans ces concours, de même que les pièces que nous avons conservées de ces trois poètes ne sont qu'une faible part de leur œuvre. Chaque concurrent présentait en effet quatre pièces, trois tragédies et un drame satyrique (c'est-à-dire une pièce à tendance comique, dont le chœur était formé de satyres). Cela signifie qu'il s'écrivait au moins douze pièces par an, et sans doute bien davantage si l'on songe aux candidats évincés. Euripide lui-même aurait écrit quatre-vingt-douze tragédies ou drames satyriques dont dix-neuf nous sont parvenus.

En même temps qu'il choisissait les candidats retenus, l'archonte leur attribuait un chorège, c'est-à-dire désignait un citoyen chargé de financer personnellement tous les frais de la représentation (recrutement du chœur et de leur entraîneur, financement de leur salaire, de leur nourriture, de leur logement pendant le temps que nécessitait l'entraînement). C'était évidemment une charge coûteuse, mais recherchée, qui valait pendant un an de grands honneurs au chorège. Les acteurs, eux, étaient en principe payés par la cité.

Les conditions de la représentation

Les Grandes Dionysies, où l'on jouait les pièces retenues pour le concours, étaient une grande fête civique. Athènes y étalait sa puissance aux yeux de ses citoyens venus en foule assister aux représentations, et aux yeux de ses alliés qui, au retour du printemps qui rendait les mers navigables, apportaient leur tribut à la confédération dirigée par Athènes. On imagine donc l'importance, pour les candidats, de remporter la victoire dans un tel contexte.

Les festivités consacrées au théâtre occupaient quatre jours sur six. Le premier jour de la fête, avait lieu le *proagon*, où les auteurs venaient exposer au public le sujet de leur trilogie ; pendant les trois derniers jours, on jouait les quatre pièces de chacun des trois candidats (un jour pour chaque auteur). Autant dire que la journée était longue pour les spectateurs ! La victoire entre les concurrents était attribuée par cinq citoyens tirés au sort. Le poète lauréat gagnait simplement une couronne de lierre (la plante de Dionysos), et son chorège un trépied qu'il consacrait à Dionysos. Mais leur fierté et leur popularité étaient grandes !

Pour *Hécube*, on ne sait ni qui était le chorège, ni quel fut le classement.

La vie d'Euripide et sa place dans la tragédie grecque

La vie d'Euripide (484-406) recouvre presque exactement le ve siècle. On sait peu de choses sur lui. Il serait né à Salamine (on montrait dans l'île une grotte où, disait-on, il se retirait pour composer ses pièces). Il n'a pas joué de rôle politique comme Sophocle et on ne sait rien de sa vie privée. Il était probablement issu d'une famille aisée et reçut une bonne éducation, même si les auteurs comiques, qui l'ont souvent caricaturé, racontent que sa mère vendait des légumes au marché. Aristophane en particulier le met en scène de façon satirique dans trois comédies, *Les Acharniens*, *Les Grenouilles* et *Les Thesmophories*.

On voyait en lui un disciple des sophistes, un ami d'Anaxagore, de Protagoras et de Socrate : c'est chez lui que Protagoras aurait fait lecture de son *Au sujet des dieux*, ouvrage jugé impie.

En 408, il répondit à l'invitation du roi de Macédoine Archélaos, et c'est là qu'il mourut au début de l'année 406, déchiré, raconte la légende, par les chiens du roi. Sophocle, qui était son aîné de dix-huit ans et mourut un an plus tard, lui rendit hommage lors des Dionysies de 406, où il se présenta lors du *proagon* en vêtements de deuil, avec un chœur dépourvu de guirlandes.

Euripide se distingue de ses deux grands prédécesseurs et contemporains (Eschyle et Sophocle) par les libertés qu'il prend avec les règles dramatiques, mais surtout par ses conceptions différentes de la tragédie : il y a souvent dans ses pièces (surtout les dernières) plus de péripéties, et certaines finissent bien. Il met plus souvent en scène des femmes et des esclaves, et n'idéalise pas les héros : Sophocle, raconte Aristote, disait que lui-même représentait les hommes tels qu'ils devraient être, et Euripide les hommes tels qu'ils sont.

On a souligné dans les pièces de ces derniers les rapports avec l'actualité, l'influence des sophistes dans les discours que tiennent ses personnages, et peut-être les traces de ses propres expériences dans l'amertume ou la misogynie de certains personnages. Mais il est difficile d'en dire plus.

Peu populaire de son vivant, Euripide ne gagna que quatre fois le concours. En revanche, son théâtre fut très apprécié après sa mort, ce qui explique qu'il nous reste de lui dix-neuf tragédies sur les quatre-vingt-douze pièces qu'il avait écrites (contre sept pour Eschyle et sept pour Sophocle).

La date d'*Hécube*

Hécube faisait nécessairement partie d'une trilogie, mais on ignore les titres des autres pièces ; cependant, certains pensent que le drame satyrique d'Euripide intitulé *Le Cyclope* – le seul qui nous reste – pourrait avoir été joué avec cette trilogie. En revanche, on sait que Sophocle a lui aussi écrit une *Polyxène*, jouée probablement avant l'*Hécube* d'Euripide et consacrée uniquement au sacrifice de Polyxène. Euripide a sans doute voulu marquer son originalité par rapport à son prédécesseur.

On n'a pas d'indication ancienne sur la date de la pièce, mais on la déduit avec une relative certitude à partir de divers critères : d'abord une parodie des vers 171-173 dans *Les Nuées* d'Aristophane (v. 1165-1166), pièce qui fut jouée au printemps 423 ; ensuite, une allusion (v. 455-465) aux danses des jeunes filles de Délos lors des fêtes d'Apollon, rituel qui recommença après la « purification » de l'île en 426-425 – mais ce critère ne semble pas probant à tous. Un troisième critère est fourni par les analyses métriques : plus on avance dans le temps, plus on constate que les « résolutions » des longues de l'iambe ou du spondée en brèves sont fréquentes chez Euripide, ce qui situerait statistiquement *Hécube* entre 427 et 423. On date généralement la pièce de 424, lors des Dionysies du printemps.

Les contraintes formelles du genre dramatique

Le découpage dramatique

Une tragédie grecque se compose de séquences précises et incontournables... avec lesquelles Euripide a pris quelques libertés[1].

• D'abord un prologue (ici v. 1-97) : on appelle ainsi la partie de la pièce qui se déroule avant que le chœur n'entre en scène ; elle a pour fonction habituelle de situer l'intrigue, en exposant au public les circonstances de la pièce et en rappelant éventuellement la généalogie des héros. Ce prologue est normalement composé de scènes parlées, c'est-à-dire écrites en trimètres iambiques. Ici, le prologue comporte deux scènes, dont l'une est chantée, ce qui est inhabituel :

– vers 1-58 : scène parlée (monologue de l'ombre de Polydore) ;

– vers 59-97 : scène chantée (monologue d'Hécube). Lorsqu'un acteur se met à chanter seul, on appelle ce chant « une monodie ».

• Ensuite, la *parodos* (ici v. 98-153) : l'« entrée » du chœur, habituellement chantée et dansée. Ici ce n'est pas le cas : le chœur, composé de quinze captives troyennes, entre en s'exprimant sur un mode récitatif (psalmodié), en anapestes.

• Après la *parodos* se succèdent obligatoirement plusieurs épisodes parlés (l'équivalent de nos actes, découpés en plusieurs scènes), séparés par des chants du chœur (les *stasima*). Le dernier « acte » s'appelle l'*exodos* (la « sortie »).

1. Ce qui explique que le découpage, pour *Hécube*, varie sur certains points avec les éditions (notamment les limites du prologue et celles de l'*exodos*). En outre, l'helléniste Jean Irigoin croit voir des contraintes supplémentaires dans la composition d'une tragédie : l'auteur s'astreindrait à une symétrie entre les parties parlées analogue à celle qui existe dans les parties chantées entre strophe et antistrophe. Voir son article (disponible sur Internet) « La composition architecturale de l'*Hécube* d'Euripide », paru dans les *Cuadernos de Filología Clásica : Estudios griegos e indoeuropeos*, vol. 12, 2002, 163-172.

Voici leur succession dans *Hécube* :

• Premier épisode (v. 154-443). Trois scènes :
– vers 154-176 : monodie d'Hécube ;
– vers 177-215 : dialogue chanté (*kommos*) entre Hécube et Polyxène ;
(La place de ces deux scènes est l'objet de discussions entre les commentateurs ; les uns les intègrent à la *parodos*, les autres y voient le début du premier épisode.)
– vers 216-443 : très longue scène entre trois personnages, Hécube, Polyxène et Ulysse.

• Premier *stasimon*, chant du chœur « en place » (v. 444-483) : deux strophes et deux antistrophes.

• Deuxième épisode (v. 484-628). Scène unique, très longue, entre le héraut Talthybios et Hécube.

• Deuxième *stasimon* (v. 629-656) : une strophe, une antistrophe, une épode.

• Troisième épisode (v. 657-904). Deux scènes :
– vers 657-725 : courte scène entre une servante et Hécube (mi-parlée, mi-chantée) ;
– vers 726-904 : très longue scène entre Agamemnon et Hécube.

• Troisième *stasimon* (v. 905-952) : deux strophes, deux antistrophes, une épode.

• Quatrième épisode (v. 953-1022) : une seule très longue scène entre Hécube et Polymestor.

• Un bref chant du chœur (v. 1024-1034), au lieu du quatrième *stasimon* attendu.

• *Exodos* (v. 1035-1295). Trois scènes :
– vers 1035-1055 : courte scène entre Hécube et Polymestor ;
– vers 1056-1108 : monodie de Polymestor ;
– vers 1109-1295 : longue scène entre Agamemnon, Polymestor et Hécube.

Le découpage de la fin d'*Hécube* est très discuté ; certains voient dans les vers 953-1295 un acte unique intitulé « Quatrième épisode et *Exodos* » ou simplement « *Exodos* », en raison de l'absence de quatrième *stasimon*.

Deux constatations se dégagent de ce découpage dans *Hécube* :
1. le nombre élevé de très longues scènes parlées, contrastant avec des scènes très courtes et souvent chantées ;
2. la brièveté des chants du chœur (ce qui implique une diminution de son rôle dramatique), et au contraire l'abondance des chants d'acteurs, ce qui signifie une augmentation du pathétique... et souligne le fait que les acteurs devaient être aussi de bons chanteurs !

Les acteurs

Au découpage obligatoire en séquences parlées et chantées s'ajoute pour l'auteur grec une contrainte supplémentaire : il n'a droit qu'à trois acteurs (uniquement des hommes), sans compter les quinze choreutes (parmi lesquels figure le chef de chœur, appelé « coryphée ») ; il ne peut donc jamais avoir plus de trois personnages en scène à la fois. Lorsqu'il a besoin de faire intervenir un nouveau personnage, il faut qu'il fasse sortir l'un de ceux qui sont en scène... et qu'il lui laisse le temps de changer de masque et de costume !

Le personnage principal, ou protagoniste, ne joue généralement qu'un seul rôle ; ici, il joue certainement le rôle d'Hécube.

Les deux autres acteurs (deutéragoniste et tritagoniste) se partagent le reste des rôles. Ici, le deutéragoniste joue sans doute les rôles de Polyxène, de Talthybios, de la servante et de Polymestor ; il devait donc être un aussi bon chanteur que le protagoniste (voir les monodies de Polyxène et de Polymestor). Le tritagoniste assure les rôles de Polydore, d'Ulysse et d'Agamemnon.

L'auteur dramatique a toutefois le droit de faire intervenir d'autres personnages, à condition qu'ils restent muets : ce sont des κῶφα πρόσωπα. C'est le cas des servantes qui accompagnent Hécube lors de sa première apparition (*cf.* v. 59, ὦ παῖδες) et des serviteurs d'Agamemnon qui, à la fin de la pièce, maîtrisent Polymestor (*cf.* v. 1282, οὐχ ἕλξετ' αὐτόν, δμῶες ;). Polymestor arrive lui aussi accompagné d'hommes en armes, qu'il renvoie au vers 981 (χωρεῖτε). Enfin, le cadavre de Polydore est, selon les uns, traîné par la servante, mais plus probablement, selon d'autres, apporté sur une civière par deux serviteurs.

Paroles et musique

L'auteur tragique écrit non seulement les paroles, mais aussi la musique de sa pièce. On a parfois tendance à oublier, en regardant le texte écrit, qu'une grande partie du texte était chantée. Le chœur s'exprime en chantant, ou parfois sur un ton soutenu, accompagné de la flûte, et il arrive qu'un personnage, sous l'empire de l'émotion, se mette lui-même à chanter ; c'est ce qui arrive à plusieurs personnages de la pièce (Hécube, Polyxène, Polymestor)[2].

Les parties parlées sont écrites en trimètres iambiques (à peu près l'équivalent de nos alexandrins), soit une succession de six iambes (⏑ –). Rappelons qu'une syllabe est longue soit par nature (si elle contient une voyelle longue η ou ω, ou une diphtongue : pour α, ι et υ, consulter le dictionnaire), soit par position (si la voyelle est suivie de deux consonnes ; cependant λ, ν et ρ peuvent ne pas faire position ; c'est le cas, dans l'exemple donné ci-dessous, du mot νεκρῶν).

2. Pour la scansion des parties lyriques dont on ne parlera pas ici, *cf.* A. Dain, ***Traité de métrique grecque***, Paris, © Klincksieck, 1965.

L'iambe peut être remplacé par un spondée (– –) aux pieds impairs (1, 3, 5).

Une longue peut se transformer en deux brèves : dans le cas d'un spondée, aux pieds 1 et 3 seulement, ce qui donne soit un anapeste (⏑ ⏑ –), soit un dactyle (– ⏑ ⏑) ; plus rarement dans le cas d'un iambe, aux cinq premiers pieds, ce qui donne un tribraque (⏑ ⏑ ⏑). On parle alors de « résolution » d'une longue en brèves.

La coupe est normalement après le cinquième demi-pied (coupe pent-hémi-mère), plus rarement après le septième (hepht-hémi-mère).

Voici le schéma d'un trimètre iambique :

	1	2	3	4	5	6	
	⏑ –	⏑ –	⏑ // –	⏑ –	⏑ –	⏑ –	
Variantes :	– –		– // –		– –		spondées
	⏑ ⏑ –		⏑⏑ // –				anapestes
	– ⏑ ⏑		– // ⏑ ⏑				dactyles
	⏑ ⏑ ⏑	⏑ ⏑ ⏑	⏑ // ⏑ ⏑	⏑ ⏑ ⏑	⏑ ⏑ ⏑	⏑ –	tribraques

Exemple : le vers 1 d'*Hécube*

– – | ⏑ – | – – | ⏑ // – | ⏑ – | ⏑ – (coupe hephthémimère)
Ἥκω | νεκρῶν | κευθμῶ | να καὶ | σκότου | πύλας

La disposition de l'espace théâtral

La pièce *Hécube* a été écrite pour être représentée dans le théâtre de Dionysos à Athènes, au pied de l'Acropole. La disposition de l'espace théâtral est la même dans tous les théâtres grecs de l'époque.

Au centre du théâtre se trouve un espace rond appelé *orchestra* (ὀρχήστρα, litt. *l'espace où l'on danse*, du verbe ὀρχέομαι-οῦμαι : danser). Cet espace est celui où évolue le chœur, qui ne le quitte jamais. Le chœur arrive toujours sur l'*orchestra* par une des deux entrées latérales, les *parodoi*, et reste « en place » (d'où le nom de *stasimon*, chant en place) pendant toute la représentation.

Au bord de l'*orchestra*, face aux spectateurs, s'élève une baraque qui, à l'époque classique, est simplement en bois : c'est la *skènè* (ἡ σκηνή). Elle sert de coulisses et de vestiaire pour les acteurs. Pour le public, elle présente une façade percée d'une porte centrale et, dans la plupart des tragédies, elle est censée représenter le palais royal. Dans *Hécube*, elle représente l'enceinte du campement d'Agamemnon, avec une porte centrale, campement qui abrite non seulement les Grecs, mais aussi les captives troyennes.

Le toit de la *skènè* doit être assez solide pour supporter le poids d'un ou deux acteurs : c'est là qu'apparaissent les dieux (d'où son nom de ***théologeion***, θεολογεῖον, l'endroit où parlent les dieux). C'est là qu'apparaît le fantôme de Polydore, « au-dessus » de l'endroit où dort sa mère ; mais l'acteur est sans doute soutenu en l'air par une sorte de grue, la *méchanè*.

Devant la *skènè* s'étendait probablement, au théâtre de Dionysos à Athènes, une estrade en bois peu élevée et peu profonde, séparée de l'*orchestra* par quelques marches et sur laquelle évoluent les acteurs ; c'est le *logeion* (λογεῖον, litt. *l'espace où l'on parle*) – appelé quelquefois de son nom romain *proskenion*. Le chœur n'y monte jamais (et, à plus forte raison, n'entre jamais dans la *skènè*). Les acteurs, eux, y accèdent soit en traversant l'*orchestra* s'ils arrivent de l'extérieur, soit en sortant de la *skènè*.

On voit que l'espace théâtral est divisé en espaces très symboliques : le niveau le plus bas, l'*orchestra*, est réservé au chœur, c'est-à-dire à l'humanité ordinaire ; le niveau intermédiaire, le *logeion*, est occupé par les héros tragiques (qui, toutefois, peuvent aussi descendre dans l'*orchestra*) ; enfin, le niveau le plus élevé, le *théologeion*, est réservé aux dieux ou aux personnages n'appartenant pas au monde des vivants.

Face à cet espace de la représentation se trouve l'espace des spectateurs, le *théâtron* (θέατρον, litt. *l'espace où l'on regarde*, du verbe θεάομαι-ῶμαι : *regarder*). Ce sont des gradins aménagés sur le flanc de la colline (encore en bois à l'époque d'*Hécube*), qui reviennent en un demi-cercle légèrement prolongé de chaque côté, enserrant l'*orchestra*.

La pièce d'*Hécube*

L'originalité dramatique de la pièce

Hécube a rencontré un grand succès auprès des anciens. Elle présente cependant une structure inattendue, critiquée parfois par les modernes, qui soulignent son manque d'unité dramatique. On y trouve en effet deux intrigues successives : la première moitié de la pièce traite du sacrifice de Polyxène, la seconde du meurtre de Polydore et de la vengeance d'Hécube. Ces deux morts sont sans lien nécessaire entre elles. En outre, les deux événements n'ont pas la même notoriété. Le premier, le sacrifice de Polyxène, a déjà une longue tradition littéraire : il figure dans plusieurs cycles épiques disparus concernant la guerre de Troie, contemporains d'Homère ou légèrement postérieurs (la *Petite Iliade*, le *Sac de Troie* et les *Chants cypriens*), et dans des poèmes célèbres de Stésichore et d'Ibycos – avec toutefois des variantes, Polyxène étant parfois tuée lors de la prise de Troie, ou déjà aimée d'Achille de son vivant. Sophocle lui-même avait écrit une pièce (perdue) intitulée *Polyxène* et, dès le VIe siècle, la mort de Polyxène est représentée sur des vases grecs. Au contraire, l'épisode de la mort de Polydore est pratiquement inconnu : il semble bien qu'Euripide, sans l'avoir sans doute inventé, soit le premier à lui accorder une telle place.

Cependant, la plupart des commentateurs cherchent aussi à montrer l'unité réelle de la pièce. Euripide lui-même a inséré plusieurs remarques insistant sur cette unité : Polydore, dans son monologue d'introduction, annonce les deux événements à venir, et Hécube les réunit souvent dans la même lamentation. Pour les critiques modernes, ce qui fait l'unité de la pièce est le personnage d'Hécube et son évolution : la première épreuve la laisse abattue et désespérée ; la seconde lui fait au contraire retrouver des forces pour la vengeance. Jean Irigoin, dans l'article déjà mentionné, souligne que le partage exact des vers correspond à un « nouement », puis à un « dénouement » : *Une opération simple – faire le compte des trimètres iambiques dans les parties parlées d'*Hécube *– montre qu'[...] apparaît une division en deux parties égales, comptant chacune 456 trimètres, correspondant à la* desis *(« nouement ») et à la* lusis *(« dénouement ») définies par Aristote au chapitre 12 de la Poétique.*

Les thèmes de la pièce

• **Une couleur homérique.** L'intrigue se déroule en Chersonèse de Thrace (la rive européenne de l'Hellespont, aujourd'hui la péninsule de Gallipoli), où la flotte grecque se trouve arrêtée, faute de vent. Euripide a donné à sa pièce une couleur traditionnelle en conservant des données homériques qui ne se limitent pas au choix des personnages. On retrouve ainsi dans *Hécube* des sujets maintes fois évoqués chez Homère : le thème de l'*aristeia*, l'usage du don et du contre-don, la conception de la mort, ou le recours à la supplication.

La première partie de la pièce est en effet fondée sur l'idéal héroïque de l'*aristeia* (le fait de se comporter en *aristos*), cher aux guerriers achéens. Chez Homère, chaque guerrier cherche à se distinguer en accomplissant un exploit individuel qui le mettra en valeur et lui vaudra l'admiration et le respect des autres combattants. Ce respect dure au-delà de la vie des guerriers : beaucoup, après leur mort, sont « héroïsés », c'est-à-dire qu'on leur élève un sanctuaire où on leur rend un culte. C'est au nom de cet idéal de dépassement de soi qu'on doit ici respecter la requête posthume d'Achille, « le meilleur des Achéens ». Ulysse exprime le même souhait : il lui serait égal de vivre dans la pauvreté, pourvu qu'après sa mort sa tombe reçoive les honneurs dus à un héros (v. 317-320). Et lors du débat de l'armée qui a abouti au choix de Polyxène comme victime, les deux fils de Thésée ont ardemment soutenu les intérêts du héros mort. Cependant, l'idée d'un sacrifice humain en l'honneur d'un héros n'est pas attestée ailleurs que dans les mythes. Chez Homère, Achille aussi exécute douze jeunes Troyens sur la tombe de Patrocle ; mais les archéologues n'ont jamais trouvé trace de sacrifices de ce genre.

Un autre des thèmes homériques repris par Euripide est l'usage du don et du contre-don. Tout don ou tout bienfait lie celui qui le reçoit : il doit en échange un don équivalent. C'est même le fondement de toute prière aux dieux chez Homère et chez les poètes archaïques ; on commence toujours une prière en disant au dieu : *S'il est vrai que je t'ai toujours honoré en t'adressant telle ou telle offrande, accorde-moi en retour...* C'est au nom de ce principe de la réciprocité du don qu'Hécube pense obtenir la vie de Polyxène en échange de celle d'Ulysse qu'elle a jadis sauvée.

La conception de la mort et du monde des morts est aussi un héritage direct d'Homère ; comme dans l'*Odyssée*, le mort aime se nourrir de sang (*cf.* v. 536-537). Toutefois, pour le sacrifice fait par Ulysse au chant XI, il ne s'agissait que de sang animal. Les dieux d'en bas accordent parfois aux morts l'autorisation de se manifester auprès des vivants : leurs ombres apparaissent en rêve pour obtenir un tombeau (v. 49), celle de Polydore à sa mère, comme celle de Patrocle à Achille. Et le mort retrouve aux enfers les êtres chers disparus : Polyxène demande à Hécube ce qu'elle veut faire dire à Hector et à Priam (v. 422). Ces croyances, cependant, ne sont pas seulement homériques : elles perduraient encore à l'époque classique.

Enfin, on trouve ici le thème ancien de la supplication. Si une personne vient s'agenouiller devant celui qu'elle veut fléchir, en lui entourant d'un bras les genoux et en touchant de l'autre côté sa main ou son menton, ce dernier peut soit refuser soit accepter de relever le suppliant ; dans ce dernier cas, il prend un engagement religieux et sacré de protéger son suppliant. Ce rituel, omniprésent chez Homère et dans toutes les tragédies inspirées des cycles épiques – et qui a bien dû exister dans la réalité –, n'est en tout cas jamais évoqué à l'époque classique.

• **Les emprunts à l'actualité.** Sous cette coloration homérique apparaissent de nombreux emprunts à l'actualité.

La première marque repérable de ces emprunts est l'influence des sophistes. Ces « professeurs de sagesse » qui parcouraient le monde grec dans la seconde moitié du Ve siècle ont eu une énorme influence à Athènes. Ils enseignaient une forme d'éloquence dont on retrouve ici les traces : habileté à construire un discours, à faire triompher une thèse douteuse, à trouver des formules frappantes, à jouer des antithèses et même des sonorités des mots en créant des effets d'échos. On retrouve tous ces procédés dans les scènes d'affrontement de la pièce, non seulement chez Ulysse, mais aussi chez Hécube ou Polymestor ; *cf.* en particulier les vers 814 et suivants, et le vers 1192, où Hécube évoque l'enseignement et la puissance de l'art de la parole.

Il y a aussi dans *Hécube* des allusions politiques à l'actualité, plus ou moins explicites, comme la déploration des malheurs de la guerre, qui devait toucher particulièrement les Athéniens plongés dans le conflit contre Sparte. Même à cette époque – il suffit de lire Thucydide – la population mâle d'une cité vaincue pouvait être exécutée, les femmes et les enfants emmenés en esclavage ; on l'avait vu avec la chute en 429 de Platées, l'héroïque petite ville alliée d'Athènes. Mais l'allusion la plus directe est certainement la mise en cause des orateurs démagogues (v. 254-257), comme ceux qui se disputaient le pouvoir après la mort de Périclès. Il faut sans doute y ajouter la représentation des « barbares », cruels et sans foi comme le Thrace Polymestor – image devenue traditionnelle après les guerres médiques, mais totalement absente des poèmes homériques ; *cf.* aussi les vers 1199-1200 : *Jamais la race barbare ne sera l'amie des Grecs*.

• **Les conflits de devoirs.** La pièce ne se borne pas à évoquer l'époque homérique ou contemporaine. Les héros de la pièce se trouvent presque tous confrontés à des situations où ils doivent faire un choix, situations qui ne sont pas sans soulever des problèmes toujours très actuels.

Ulysse – même s'il n'est pas un héros parfaitement sympathique ici – se trouve confronté à un dilemme qui est celui de beaucoup d'autres héros tragiques : le choix entre le devoir civique collectif (une obéissance sans état d'âme aux exigences de la collectivité) et le devoir moral individuel que lui rappelle Hécube (le devoir de reconnaissance). Il n'hésite pas à choisir le premier, même si un vers peut laisser penser que ce devoir lui coûte (v. 395). Dans le *Philoctète* de Sophocle, le jeune Néoptolème, placé devant le même choix, préfère suivre sa conscience et désobéir à Ulysse et à l'armée. Agamemnon est confronté lui aussi à un dilemme analogue : doit-il écouter son indignation et permettre à Hécube de punir Polymestor, ou protéger ce dernier parce qu'il est l'allié des Grecs ? Il parvient finalement à concilier les deux stratégies en invoquant le devoir de respect de l'hôte (v. 1247 et suivants), principe universellement admis par les Grecs.

Hécube, dans la deuxième partie de la pièce, est placée elle aussi devant un dilemme, mais un peu différent : résignation devant le crime ou vengeance ? La vieille reine n'obéit certainement pas au principe chrétien qui commanderait plutôt la résignation, voire le pardon. Cependant, le châtiment qu'elle inflige à Polymestor, d'une cruauté égale au crime qu'il a commis, peut poser un problème moral. Il n'y a pas ici de tribunal pour prendre le relais de la vieille loi du talion, comme dans *Les Euménides* d'Eschyle ; on en reste à la vengeance individuelle, primitive.

• **L'individu dans la société.** On trouve encore dans *Hécube* d'autres sujets de réflexion, eux aussi toujours actuels, en particulier sur la condition humaine et sur la place de la femme dans la société.

Presque tous les personnages évoquent le thème du renversement de la situation sociale, du passage d'une situation éminente à un statut humiliant, qui n'épargne personne : l'esclave peut devenir maître, et le maître esclave, comme Hécube le rappelle à Ulysse. Mais la pièce pose aussi le problème de la définition de l'esclavage et de la liberté, tel qu'il sera formulé plus tard par les stoïciens. Même lorsqu'on est esclave d'un maître qui a droit de vie et de mort, qui peut assigner à sa captive n'importe quelle tâche humiliante, on peut toujours jouir d'une liberté morale que Polyxène formule avec force : celle de choisir la mort, ou celle d'imposer par sa conduite le respect à ses maîtres. Hécube, aux vers 864 et suivants, doute même de la liberté réelle des riches et des puissants. Le thème de l'ἐλευθερία est assurément un des thèmes importants de la pièce.

La pièce pose en même temps le problème de la place de la femme dans une société d'hommes. On voit bien que l'importance d'une femme, aux yeux des hommes, est d'abord d'ordre érotique. Si Agamemnon soutient Hécube dans ses deux combats, c'est à cause de sa fille Cassandre, qu'il a choisie comme « part d'honneur » et qu'il craint de contrarier. La femme, rappelle Hécube, n'a pas le droit de regarder un homme en face (v. 968). Polymestor se méfie des femmes en général (v. 1178 et suivants), et enrage d'avoir été vaincu par une femme (v. 1252-1253). Agamemnon lui-même doute qu'une femme puisse l'emporter sur un homme (v. 883 et 885). Dans cette société machiste, Euripide, pourtant, a donné le beau rôle aux femmes qui, même vaincues socialement, écrasent les hommes de leur supériorité morale.

• **Les hommes et les dieux.** Les dieux, dans *Hécube*, ne jouent pas un rôle majeur dans la vie humaine comme c'est le cas dans d'autres tragédies, en particulier *Œdipe roi*. Certes, la folie amoureuse de Pâris, et donc la ruine de Troie, ont pour cause première la querelle entre trois déesses (*cf.* v. 644-649), mais ce sont plutôt des hommes qui sont à l'origine des maux d'autres hommes. Mieux encore, devant ces maux, les mortels en viennent à douter de l'existence des dieux, ou du moins de leur attention aux hommes. Hécube et le chœur leur adressent des prières (v. 97, v. 144 et suivants) mais ces prières resteront vaines. Talthybios lui-même, devant le malheur d'Hécube, pense que Zeus se désintéresse des humains et que seul le hasard régente la vie des hommes (v. 488-491). Ce pessimisme, voire ce scepticisme à l'égard des dieux, se retrouve ailleurs dans les tragédies d'Euripide.

Les personnages de la pièce

Hécube

C'est évidemment le personnage central, qui reste en scène presque d'un bout à l'autre de la pièce, et c'est elle aussi qui donne son unité à la pièce, par sa métamorphose (au sens figuré) de *mater dolorosa* en tigresse vengeresse.

C'est un personnage éminemment pathétique. Elle est âgée et faible (v. 59-76). Elle est frappée de tous les coups du sort : perte de sa cité, perte de son statut de reine, perte de son époux et de ses enfants ; et ceux qu'il lui reste (si l'on excepte Cassandre, encore vivante, mais dont la mort est annoncée par Polymestor) meurent pratiquement sous ses yeux. Nicole Loraux souligne avec justesse que l'excès de ses malheurs est en somme indiqué par les noms de tous ceux qui sont à l'origine de ses douleurs, noms qui commencent tous par πολυ- (Polydore, Polyxène, Polymestor)[3]. Et l'abondance des chants d'Hécube traduit bien son émotion : on sait que les personnages, qui

3. Nicole Loraux, *Hécube*, © Les Belles Lettres, « Classiques en Poche », p. XXXVIII.

normalement s'expriment en trimètres iambiques, c'est-à-dire sur un mode parlé, se mettent à chanter quand ils sont en proie à une forte émotion.

Mais la reine ne reste pas résignée devant les menaces ou les coups du sort. Dans le cas de Polyxène, elle se bat avec énergie pour tenter de sauver sa fille. Elle argumente avec véhémence contre Ulysse, en tentant la démonstration et la supplication, avant de s'effondrer devant sa fermeté. Dans le cas de Polydore, la vieille femme éplorée se transforme littéralement en Némésis impitoyable : pathétique encore avec Agamemnon, mais implacable avec Polymestor, dont le crime inqualifiable appelle la vengeance. On voit alors une Hécube rusée : incapable de regarder l'assassin, elle feint de respecter un usage qui interdit aux femmes de regarder les hommes en face (v. 974-975) ; elle entre dans le jeu de l'ennemi avec des paroles à double sens (*cf.* v. 1000 et v. 1021-1022) ; elle réalise enfin une vengeance presque inconcevable, elle, une femme et une esclave, ***coup d'audace imparable*** comme le reconnaît Agamemnon (v. 1123), en massacrant, avec l'aide des autres captives, les deux jeunes enfants de Polymestor et en lui crevant les yeux.

Il y a toutefois quelques zones d'ombre dans le personnage. Certains de ses discours peuvent paraître inattendus, voire incongrus dans le cadre de sa lamentation, comme ses réflexions sur la part de l'hérédité et celle de l'éducation (v. 592-599), ou son attaque contre les orateurs démagogues (v. 1187-1194). Et on peut penser que sa vengeance excessive la fait passer elle aussi dans le camp des criminels : fallait-il vraiment tuer les enfants innocents de Polymestor ?

Hécube jouera encore un rôle important dans *Les Troyennes*, tragédie qu'Euripide écrira près de dix ans plus tard, en 415.

Polyxène

Polyxène fait partie de ces jeunes sacrifiés pour une cause « politique », qu'on retrouve assez fréquemment dans le théâtre d'Euripide : c'est le cas de Macarie dans *Les Héraclides*, de Ménécée dans *Les Phéniciennes*, et surtout d'Iphigénie dans la pièce du même nom (jouée beaucoup plus tard, en 405, après la mort d'Euripide). Polyxène offre d'ailleurs beaucoup de points communs avec Iphigénie : elles sont toutes deux des « fiancées d'Achille », sont farouchement défendues par leur mère, sont menées au sacrifice par Ulysse, et leur mort, voulue par l'armée grecque (et évitée de justesse dans *Iphigénie*), libère les vents qui permettront à la flotte grecque de reprendre la mer. On peut d'ailleurs se demander si le succès de Polyxène n'a pas incité Euripide à mettre en scène, avec Iphigénie, un personnage analogue.

Polyxène en effet est un personnage très attachant : confrontée à un sort qu'elle ne peut éviter, elle transforme ce statut de victime en choix volontaire, destiné à éviter l'esclavage et à préserver sa gloire de fille de roi (*cf.* v. 378). Le récit de sa mort fait par Talthybios accentue cet aspect héroïque : comme dans le cas d'un guerrier homérique, cette mort peut être considérée comme une *aristeia* (un acte d'excellence) par lequel le héros sort de l'anonymat et conquiert l'admiration et le respect de l'armée entière – ce qui est exceptionnel pour une femme.

Ce choix ne donne aucune raideur au personnage et n'empêche pas Polyxène d'être profondément émouvante dans ses adieux à sa mère (v. 402 et suivants), dans l'évocation de tout ce qu'elle ne connaîtra pas (v. 416) et dans ses adieux à la lumière (v. 411-412 et 435).

Ulysse

Si Ulysse est assurément dans l'*Odyssée* un personnage qui attire la sympathie, il l'est beaucoup plus rarement dans la tragédie grecque. Il apparaît ici dans la première partie de la pièce dans un rôle plutôt ingrat, puisque c'est lui qui doit arracher la jeune fille à sa mère. Il espère que les choses vont se passer sans heurt (v. 225 et suivants). Mais il se voit opposer deux tactiques : celle du devoir moral (un service rendu en appelle un autre en échange) et celle du devoir religieux de la supplication (voir plus haut). Ulysse réfute ces arguments en plaidant comme un sophiste habile. Et quand il redoute la supplication de Polyxène, il cache sa main sous son manteau et détourne le visage, pour éviter même le geste de supplication, comme le souligne ironiquement la jeune fille (v. 342-344). Le seul moment où il laisse transparaître des sentiments humains, c'est lorsqu'il répond à Hécube (v. 394-395) : *Il ne faut pas ajouter une mort à une autre. Que ne pouvons-nous, même, éviter celle-ci !*

Agamemnon

Agamemnon apparaît dans les deux parties de la pièce, mais pas de la même façon. Dans l'épisode de Polyxène, il est seulement évoqué dans le récit du coryphée (v. 120-129) et plus brièvement dans celui de Talthybios (v. 553-554) ; dans la seconde partie, il joue un véritable rôle à partir du vers 726.

Ce rôle diffère de celui d'Ulysse... sans être finalement beaucoup plus flatteur. Agamemnon a certes cherché à empêcher le sacrifice de Polyxène, mais ce n'était pas pour des raisons de justice : dans le partage des captives, il s'est attribué Cassandre, la sœur aînée de Polyxène, et c'est par souci de ne pas lui déplaire qu'il défend Polyxène, comme le lui font vertement remarquer les fils de Thésée (v. 127-129). Dans la seconde partie de la pièce, son rôle est sans doute plus sympathique : Hécube utilise avec lui aussi l'arme de la supplication (v. 752-753) pour obtenir le droit de se venger, et il accepte, lui, la supplication en relevant la suppliante (v. 850-851). Il obéit aussi à des sentiments spontanés, la pitié pour les malheurs d'Hécube (v. 784) et l'horreur devant le crime de Polymestor. Cependant, il est prudent et timoré : il ne veut surtout pas qu'on attribue son accord à sa relation avec Cassandre (v. 855) et reste hésitant car Polymestor est un allié des Grecs (v. 858), dont il redoute les réactions. Il faut qu'Hécube le rassure en lui dictant la conduite à suivre, sur un ton légèrement méprisant (v. 868 : *Mais puisque tu as peur et que tu accordes trop d'importance à la foule...*). Lorsqu'il découvre la vengeance d'Hécube, il prend toutefois une attitude plus « royale » en condamnant sans hésiter le crime de Polymestor au nom d'une exigence morale chère aux Grecs (v. 1247-1248) : le respect de la vie des hôtes. C'est en somme un personnage humain, avec ses faiblesses, qui devient même tragique à la fin de la pièce lorsqu'il refuse de prendre au sérieux l'annonce du meurtre qui l'attend.

Polymestor

Polymestor est certainement un personnage odieux : par son crime d'abord, ensuite par l'hypocrisie qu'il manifeste avec Hécube, lorsqu'il se proclame l'allié indéfectible des Troyens et l'assure que son fils et ses richesses sont en sécurité chez lui, enfin par la cupidité qu'il montre dès qu'on lui parle d'un or caché qu'il pourrait donc s'approprier. Ce roi de Thrace incarne tous les défauts que les Grecs prêtent aux Barbares. Cependant, les sentiments qu'il inspire peuvent se modifier à la fin de la pièce. L'apparition de cet aveugle aux yeux sanglants rappelle certainement aux spectateurs celle d'Œdipe (dans la pièce de Sophocle jouée quelques années plus tôt). D'ailleurs, les femmes lui ont crevé les yeux *à coups d'agrafes*, comme Œdipe avait crevé les siens avec une agrafe de sa femme. Le meurtre de ses enfants en fait aussi un personnage pathétique. Enfin, comme si la cécité lui donnait, de même qu'à Tirésias, un don de clairvoyance, il se transforme en devin inspiré, qui sera, comme Philoctète, abandonné dans une île déserte. Toute cette fin, avec ses multiples références tragiques, lui donne une *aura* discutable, certes, mais sensible pour les spectateurs grecs.

Talthybios

Talthybios est le héraut d'Agamemnon connu par l'*Iliade*. Il joue le rôle bien connu du messager de tragédie, venant raconter aux spectateurs ce qui a eu lieu hors du champ scénique dans un traditionnel « récit de messager ». Mais il a aussi des traits personnels qui le rendent sympathique. Âgé comme Hécube, il est bouleversé de pitié en la voyant prostrée, à la fois en se souvenant de la reine qu'elle était et en mesurant l'étendue de son deuil. Il a pleuré lors du sacrifice de Polyxène. Et en décrivant à la mère la façon héroïque dont sa fille a affronté son sort, en lui relatant l'admiration qu'elle a inspirée à ses ennemis, il cherche certainement à la réconforter, comme le montre sa formule finale pour le moins paradoxale (v. 580-582) : Hécube est sans doute *la plus infortunée des femmes*, mais elle est aussi *la plus heureuse des mères*.

L'ombre de Polydore

Polydore ne joue bien sûr qu'un rôle très réduit, puisqu'il apparaît seulement dans le prologue, et sous forme d'un *eidôlon*, c'est-à-dire de l'image inconsistante qui seule « survit » d'un mort dans les enfers ; son enveloppe physique, son cadavre, erre dans les flots en attendant qu'on lui accorde la sépulture rituelle. Pour l'instant, il est encore ἄκλαυτος ἄταφος, formule qui réunit bien les deux éléments du rite : le mort doit être pleuré (lors de l'exposition du cadavre) et ensuite enterré. Polydore a obtenu la permission des dieux infernaux de venir réclamer à sa mère ce rituel indispensable aux yeux des Grecs, et il le fait, *fantôme aux ailes noires* aux yeux des spectateurs, en venant visiter sa mère sous forme de songe. C'est un personnage éminemment pathétique par sa jeunesse, le crime dont il a été victime, l'évocation de son enfance heureuse et la tendresse apitoyée qu'il manifeste à sa mère.

Analyse de la pièce

Prologue (v. 1-97)

L'ombre de Polydore, le plus jeune fils d'Hécube et de Priam, apparaît au-dessus de la *skènè*. Il explique au public qu'il a été assassiné par Polymestor, le roi thrace allié à qui ses parents l'avaient confié au début du siège de Troie et qui a voulu ainsi s'approprier l'or remis avec l'enfant. Il annonce la découverte imminente de son cadavre jeté à la mer, ainsi que le prochain meurtre de sa sœur Polyxène. Hécube sort alors par la porte centrale de l'enceinte du campement d'Agamemnon ; elle est bouleversée par le songe prémonitoire qu'elle vient de faire et par la nouvelle que l'ombre d'Achille, apparue sur son tombeau, demande qu'on lui sacrifie une prisonnière troyenne. En attendant, a dit cette ombre, aucun vent favorable ne permettra à la flotte de quitter la Chersonèse de Thrace où elle a fait escale.

Parodos (v. 98-153)

Le chœur, composé de quinze captives troyennes, vient annoncer à Hécube que c'est sa fille Polyxène qui a été choisie par l'armée grecque réunie en assemblée.

Premier épisode (v. 154-443)

Hécube chante sa douleur. Polyxène sort à son tour et apprend le terrible sort qui l'attend. Arrive alors Ulysse, venu chercher la jeune fille pour le sacrifice. Hécube tente de le fléchir : elle lui rappelle qu'elle le sauva jadis à Troie, et lui demande d'épargner en retour la vie de sa fille. Ulysse répond qu'envers elle il a effectivement un devoir de reconnaissance, mais aucun envers sa fille, et que c'est un devoir pour les Grecs d'honorer le souvenir des héros. Polyxène à son tour s'adresse à Ulysse, mais refuse de le supplier : elle choisit librement la mort, dit-elle, pour échapper à une vie d'esclave, et fait ses adieux à sa mère.

Premier *stasimon* (v. 444-483)

Le chœur déplore la servitude qui l'attend en Grèce.

Deuxième épisode (v. 484-628)

Le héraut Talthybios vient annoncer la mort de Polyxène. Il décrit longuement l'attitude héroïque de la jeune fille qui lui a valu l'admiration des Grecs, et invite sa mère à lui donner les soins funèbres.

Deuxième *stasimon* (v. 629-656)

Le chœur rappelle, en le déplorant, l'enlèvement d'Hélène par Pâris, qui causa tous leurs maux.

Troisième épisode (v. 658-904)

La servante chargée d'aller puiser de l'eau de mer pour donner les soins attendus au cadavre de Polyxène revient affolée en amenant le cadavre du jeune Polydore qu'elle vient de trouver sur la plage. Hécube comprend alors la trahison de Polymestor. Désespérée, elle demande à Agamemnon l'autorisation de se venger. Ce dernier, pris de pitié, accepte qu'on transmette à Polymestor – qui justement vient faire allégeance aux vainqueurs – l'invitation d'Hécube à la rejoindre dans son baraquement avec ses deux jeunes fils.

Troisième *stasimon* (v. 905-952)

Le chœur rappelle avec émotion la terrible nuit où Troie fut prise par les Achéens.

Quatrième épisode (v. 953-1022)

Polymestor arrive et témoigne hypocritement à Hécube toute son amitié ; il lui assure que son fils est vivant et en bonne santé, et l'or troyen en sécurité chez lui. Hécube feint de le croire et l'invite à entrer dans son baraquement pour lui révéler un secret : les Troyens ont dissimulé un autre trésor, dont elle veut lui révéler l'emplacement. Polymestor, avide de s'approprier cet or, entre sans méfiance dans le baraquement avec ses jeunes fils.

Bref chant du chœur (v. 1024-1034)

Le chœur annonce le châtiment imminent de Polymestor.

Exodos (v. 1035-1295)

On entend des hurlements de Polymestor : il est aveuglé et sort en titubant, hurlant comme une bête sauvage et appelant au secours. Agamemnon arrive et recule, d'abord épouvanté, puis il invite Polymestor à lui dire ce qui s'est passé. Celui-ci raconte que les captives troyennes ont tué ses deux enfants et lui ont crevé les yeux. Il demande justice. Hécube à son tour lui rappelle sa fourberie et son crime ; Agamemnon tranche en faveur d'Hécube et décide que le châtiment est mérité. Polymestor – que sa cécité a transformé en quelque sorte en devin – prophétise alors en les maudissant le sort qui attend Hécube et Agamemnon : l'une sera transformée en chienne et l'autre assassiné par sa femme. Agamemnon, irrité, ordonne d'abandonner le traître dans quelque île déserte, et invite tout le monde au départ car les vents favorables se sont enfin levés.

1. Apparition de l'ombre de Polydore

Vers 1-58 ➤ **traduction p. 115-117**

Le décor représente l'enceinte du campement d'Agamemnon, avec une porte centrale. Au-dessus apparaît l'ombre du jeune Polydore, le fils d'Hécube, sous forme d'un fantôme aux ailes noires. Il est sans doute soutenu en l'air par une sorte de grue, la méchanè.

Prologue, scène 1 – Polydore

ΠΟΛΥΔΩΡΟΥ ΕΙΔΩΛΟΝ

Ἥκω νεκρῶν κευθμῶνα καὶ σκότου πύλας
λιπών, ἵν' Ἅιδης χωρὶς ᾤκισται θεῶν,
Πολύδωρος, Ἑκάβης παῖς γεγὼς τῆς Κισσέως
Πριάμου τε πατρός, ὅς μ', ἐπεὶ Φρυγῶν πόλιν
κίνδυνος ἔσχε δορὶ πεσεῖν Ἑλληνικῷ,
δείσας ὑπεξέπεμψε Τρωικῆς χθονός
Πολυμήστορος πρὸς δῶμα Θρῃκίου ξένου,
ὃς τήν ‹δ'› ἀρίστην Χερσονησίαν πλάκα
σπείρει, φίλιππον λαὸν εὐθύνων δορί.
Πολὺν δὲ σὺν ἐμοὶ χρυσὸν ἐκπέμπει λάθρᾳ
πατήρ, ἵν', εἴ ποτ' Ἰλίου τείχη πέσοι,
τοῖς ζῶσιν εἴη παισὶ μὴ σπάνις βίου.
Νεώτατος δ' ἦ Πριαμιδῶν, ὃ[1] καί με γῆς
ὑπεξέπεμψεν· οὔτε γὰρ φέρειν ὅπλα
οὔτ' ἔγχος οἷός τ' ἦ νέῳ βραχίονι.
Ἕως μὲν οὖν γῆς ὄρθ' ἔκειθ' ὁρίσματα
πύργοι τ' ἄθραυστοι Τρωικῆς ἦσαν χθονός
Ἕκτωρ τ' ἀδελφὸς οὑμὸς εὐτύχει δορί,
καλῶς παρ' ἀνδρὶ Θρῃκὶ πατρῴῳ ξένῳ
τροφαῖσιν ὥς τις πτόρθος ηὐξόμην, τάλας·
ἐπεὶ δὲ Τροία θ' Ἕκτορός τ' ἀπόλλυται
ψυχή, πατρῴα θ' ἑστία κατεσκάφη,
αὐτὸς[2] δὲ βωμῷ πρὸς θεοδμήτῳ[3] πίτνει
σφαγεὶς Ἀχιλλέως παιδὸς ἐκ μιαιφόνου,

κτείνει με χρυσοῦ τὸν ταλαίπωρον χάριν
ξένος πατρῷος καὶ κτανὼν εἰς οἶδμ' ἁλός
μεθῆχ', ἵν' αὐτὸς χρυσὸν ἐν δόμοις ἔχῃ.
Κεῖμαι δ' ἐπ' ἀκταῖς, ἄλλοτ' ἐν πόντου σάλῳ,
πολλοῖς διαύλοις κυμάτων φορούμενος,
ἄκλαυτος ἄταφος[4]· νῦν δ' ὑπὲρ μητρὸς φίλης[5]
Ἑκάβης ἀίσσω, σῶμ' ἐρημώσας ἐμόν[6],
τριταῖον ἤδη φέγγος αἰωρούμενος,
ὅσονπερ[7] ἐν γῇ τῇδε Χερσονησίᾳ
μήτηρ ἐμὴ δύστηνος ἐκ Τροίας πάρα[8].
Πάντες δ' Ἀχαιοὶ ναῦς ἔχοντες ἥσυχοι
θάσσουσ' ἐπ' ἀκταῖς τῆσδε Θρῃκίας χθονός·
ὁ Πηλέως γὰρ παῖς ὑπὲρ τύμβου φανείς
κατέσχ' Ἀχιλλεὺς πᾶν στράτευμ' Ἑλληνικόν,
πρὸς οἶκον εὐθύνοντας ἐναλίαν πλάτην·
αἰτεῖ δ' ἀδελφὴν τὴν ἐμὴν Πολυξένην
τύμβῳ φίλον πρόσφαγμα καὶ γέρας λαβεῖν[9].
Καὶ τεύξεται τοῦδ', οὐδ' ἀδώρητος φίλων
ἔσται πρὸς ἀνδρῶν[10]· ἡ πεπρωμένη δ' ἄγει
θανεῖν ἀδελφὴν τῷδ' ἐμὴν ἐν ἤματι.
Δυοῖν δὲ παίδοιν δύο νεκρὼ κατόψεται
μήτηρ, ἐμοῦ τε τῆς τε δυστήνου κόρης.
Φανήσομαι γάρ, ὡς τάφου τλήμων τύχω,
δούλης ποδῶν πάροιθεν ἐν κλυδωνίῳ.
Τοὺς γὰρ κάτω σθένοντας ἐξῃτησάμην
τύμβου κυρῆσαι κἀς[11] χέρας μητρὸς πεσεῖν.
Τοὐμὸν μὲν οὖν ὅσονπερ ἤθελον τυχεῖν[12]
ἔσται· γεραιᾷ δ' ἐκποδὼν χωρήσομαι
Ἑκάβῃ· περᾷ γὰρ ἥδ'[13] ὑπὸ σκηνῆς[14] πόδα[15]
Ἀγαμέμνονος, φάντασμα δειμαίνουσ' ἐμόν[16].
Φεῦ·
ὦ μῆτερ, ἥτις ἐκ τυραννικῶν δόμων
δούλειον ἦμαρ εἶδες, ὡς πράσσεις κακῶς[17]
ὅσονπερ εὖ ποτ'[18]· ἀντισηκώσας δέ σε
φθείρει θεῶν τις τῆς πάροιθ' εὐπραξίας.

L'ombre de Polydore disparaît. Par la porte centrale de la skènè sort Hécube, soutenue par de jeunes servantes.

NOTES

1. *Le relatif neutre* **ὅ** *reprend l'idée précédente (sa qualité de plus jeune fils de Priam) ; c'est un accusatif de relation ;* **ὃ καί** *signifie littéralement* chose à cause de laquelle précisément, *c'est-à-dire* c'est justement pourquoi.

2. Lui-même *(Priam).*

3. *Poséidon et Apollon avaient construit Troie pour le roi Laomédon ; voir* Iliade, *VII, vers 452-453 et* Les Troyennes *d'Euripide, vers 4-6.*

4. *Souvenir d'*Odyssée, *XI, 51, où Elpénor se plaint à Ulysse d'être abandonné* **ἄκλαυτος, ἄθαπτος**. *Voir aussi Sophocle,* Antigone, *vers 29 (***ἐᾶν ἄκλαυτον, ἄταφον***).*

5. *Suivant la conception archaïque du rêve, le fantôme se tient au-dessus de la tête du dormeur, ici d'Hécube (invisible) dormant dans le baraquement des captives.*

6. *Dans la conception homérique, lors de la mort, l'âme (la* **ψυχή***) se sépare du corps et se rend chez Hadès sous la forme d'un* **εἴδωλον** *qui garde l'apparence physique du mort, mais n'a plus aucune consistance ; cependant, elle ne peut entrer chez Hadès que si son corps a reçu les soins rituels.*

7. **ὅσονπερ** : tout le temps que, *d'où* depuis que.

8. **πάρα**. *Notez l'accent ; lorsqu'il remonte sur la première syllabe d'une préposition dissyllabique, il indique soit que cette préposition est placée derrière le mot qu'elle gouverne, soit qu'elle est l'équivalent d'un composé de* **ἐστί** (**πάρα** = **πάρεστι**).

9. *On peut construire de deux façons : soit* **αἰτεῖ λαβεῖν** : **πρόσφαγμα** *et* **γέρας** *sont alors attributs du COD* **τὴν ἀδελφὴν ἐμὴν Πολυξένην** ; *soit* **γέρας (φίλον) λαβεῖν** : la part d'honneur qu'il lui plaît de prendre.

10. **πρός** + *gén. marque l'origine* (de la part de).

11. **κἀς** : *contraction de* **καὶ ἐς** (= **εἰς**).

12. **τὸ ἐμόν... ὅσονπερ ἤθελον τυχεῖν** : ma part, tout ce que (et pas plus) je voulais obtenir, *sujet de* **ἔσται**.

13. *Le déictique* **ὅδε**, *très fréquent au théâtre, implique toujours un geste vers un personnage qu'on voit ou qui entre.*

14. **ὑπό** + *gén. a ici un sens local et indique l'origine* (venant du baraquement d'Agamemnon).

15. *Adjonction de* **πόδα** *à un verbe de mouvement très fréquente chez Euripide ; c'est une sorte d'accusatif d'objet interne.*

16. *Polydore indique ainsi que, en même temps qu'il apparaissait aux yeux des spectateurs, sa mère le voyait en songe.*

17. **ὡς πράσσεις κακῶς** : *proposition exclamative ;* **κακῶς πράττειν** (échouer, éprouver des malheurs) *est l'opposé de l'expression plus souvent rencontrée* **εὖ πράττειν** (réussir).

18. **ἔπρασσες** (**ἔπραττες**) *sous-entendu.*

Traduction des vers 28-34

❑❑❑❑❑❑❑ **1. Traduction de M. Artaud (1842)**

Triste jouet des vagues agitées, je demeure étendu sur le rivage, privé de sépulture, privé des larmes des miens. Maintenant, pour voir Hécube, ma mère chérie, j'ai abandonné mon corps, et j'habite les régions supérieures, depuis trois jours que l'infortunée est arrivée de Troie sur la terre de la Chersonèse.

❑❑❑❑❑❑❑ **2. Traduction de Louis Méridier (© Les Belles Lettres, 1927)**

Et me voici gisant, tantôt sur la grève, tantôt dans les vagues du large, longuement ballotté par le va-et-vient des flots, privé de larmes et privé de sépulture. Maintenant, au-dessus de ma mère chérie, d'Hécube, je voltige, ayant abandonné mon corps, et voici deux jours que je flotte dans les airs, depuis que sur la terre de Chersonèse ma pauvre mère est venue de Troie.

❑❑❑❑❑❑❑ **3. Traduction de Nicole Loraux et François Rey (© Les Belles Lettres, 1999)**

Et me voilà gisant, tantôt sur les rivages,
tantôt sur les crêtes du large,
porté remporté par le double galop des vagues,
privé de larmes, privé de tombeau. Pour l'heure,
ayant déserté mon corps, au-dessus d'Hécube,
ma mère chérie, je voltige,
et c'est déjà le troisième jour que je flotte dans l'air
depuis que la malheureuse est arrivée de Troie
sur cette terre de Chersonèse.

Entraînement au BAC

1 Langue. Précisez le sens de ἵνα aux vers 2, 11 et 27 ; de quels modes sont-ils suivis ? Expliquez en particulier l'emploi de εἴη.

2 Traduction

a. Laquelle des trois traductions vous paraît la plus fidèle au texte pour ce passage ?

b. Quelles sont les images impliquées par les mots διαύλοις (v. 29) et αἰωρούμενος (v. 32), et comment chaque traducteur les a-t-il rendues ?

c. Commentez l'emploi du déictique τῇδε (v. 33) et l'expression τριταῖον ἤδη φέγγος (v. 32), et leur traduction dans les trois textes.

3 Analyse

a. Relevez et classez les informations données par Polydore dans cette scène d'exposition : ont-elles toutes la même fonction ? Quel est l'effet produit par celles qui concernent l'avenir ?

b. Relevez les éléments pathétiques dans le monologue de Polydore.

c. Rapprochements : à quel autre personnage de tragédie le sacrifice réclamé par l'ombre d'Achille vous fait-il songer ? Quelle autre *part d'honneur* (γέρας) Achille avait-il déjà obtenue dans l'*Iliade*, qu'Agamemnon lui réclame ensuite (ce qui est le sujet même de l'*Iliade*) ?

4 Version. Traduisez les vers 45-54.

2. Hécube sort de sa tente, entourée de servantes

Vers 59-97 ➤ traduction p. 117-118

La vieille reine sort à pas lents par la porte centrale du campement, s'appuyant sur son bâton et soutenue par des servantes troyennes (personnages muets : ce n'est pas le chœur).

Prologue, scène 2 – Hécube, servantes

ΕΚΑΒΗ

Ἄγετ', ὦ παῖδες, τὴν γραῦν πρὸ δόμων,
ἄγετ' ὀρθοῦσαι τὴν ὁμόδουλον,
Τρῳάδες, ὑμῖν, πρόσθε δ' ἄνασσαν·
λάβετε φέρετε πέμπετ' ἀείρετέ μου
γεραιᾶς χειρὸς προσλαζύμεναι·
κἀγὼ σκολιῷ σκίπωνι χερὸς
διερειδομένα σπεύσω βραδύπουν
ἤλυσιν ἄρθρων προτιθεῖσα.
Ὦ στεροπὰ Διός, ὦ σκοτία νύξ,
τί ποτ' αἴρομαι ἔννυχος οὕτω
δείμασι, φάσμασιν ; Ὦ πότνια Χθών,
μελανοπτερύγων μῆτερ ὀνείρων,
ἀποπέμπομαι ἔννυχον ὄψιν,
ἣν περὶ παιδὸς ἐμοῦ τοῦ σῳζομένου κατὰ Θρῄκην
ἀμφὶ Πολυξείνης τε φίλης θυγατρὸς δι' ὀνείρων
[εἶδον γὰρ] φοβερὰν [ὄψιν ἔμαθον] ἐδάην.
Ὦ χθόνιοι θεοί, σώσατε παῖδ' ἐμόν,
ὃς μόνος οἴκων ἄγκυρ' ἔτ' ἐμῶν
τὴν χιονώδη Θρῄκην κατέχει
ξείνου πατρίου φυλακαῖσιν.
Ἔσται τι νέον·
ἥξει τι μέλος γοερὸν γοεραῖς.
Οὔποτ' ἐμὰ φρὴν ὧδ' ἀλίαστος
φρίσσει, ταρβεῖ.

Ποῦ ποτε θείαν ῾Ελένου ψυχὰν
καὶ Κασάνδρας ἐσίδω, Τρῳάδες,
ὥς μοι κρίνωσιν ὀνείρους ;
Εἶδον γὰρ βαλιὰν ἔλαφον λύκου αἵμονι χαλᾷ
σφαζομέναν, ἀπ' ἐμῶν γονάτων σπασθεῖσαν ἀνοίκτως.
Καὶ τόδε δεῖμά μοι· ἦλθ' ὑπὲρ ἄκρας
τύμβου κορυφᾶς
φάντασμ' 'Αχιλέως· ᾔτει δὲ γέρας
τῶν πολυμόχθων τινὰ Τρωιάδων.
'Απ' ἐμᾶς ἀπ' ἐμᾶς οὖν τόδε παιδὸς
πέμψατε, δαίμονες, ἱκετεύω.

VERS LE COMMENTAIRE

1 Relevez toutes les indications scéniques dans les premiers vers d'Hécube.

2 Quels renseignements sur le déroulement des faits, passés ou à venir, trouve-t-on ici ? Ces renseignements sont-ils nouveaux ? Quel éclairage supplémentaire le chant d'Hécube leur donne-t-il ?

3 **a.** Quels dieux sont invoqués par Hécube ?

b. Que signifient les *ailes noires* du fantôme qui trouble Hécube ? Quel lien y a-t-il entre ce fantôme et ces dieux ?

4 Pouvez-vous citer d'autres songes célèbres dans la tragédie ? Quelle est alors leur fonction ?

3. Entrée du chœur

Vers 98-153 ➤ traduction p. 118-120

*Le chœur, composé de quinze captives troyennes, entre sur l'*orchestra *par la* parodos *de droite ; exceptionnellement, il ne chante pas, mais s'exprime en anapestes récités – sans doute parce que ses paroles s'apparentent à un récit de messager.*

Parodos – le chœur, Hécube

ΧΟΡΟΣ

Ἑκάβη, σπουδῇ πρός σ' ἐλιάσθην
τὰς δεσποσύνους σκηνὰς προλιποῦσ',
ἵν' ἐκληρώθην καὶ προσετάχθην
δούλη, πόλεως ἀπελαυνομένη
τῆς Ἰλιάδος, λόγχης αἰχμῇ
   δοριθήρατος πρὸς Ἀχαιῶν,
οὐδὲν παθέων ἀποκουφίζουσ',
ἀλλ' ἀγγελίας βάρος ἀραμένη
μέγα σοί τε, γύναι, κῆρυξ ἀχέων.
Ἐν γὰρ Ἀχαιῶν πλήρει ξυνόδῳ
λέγεται δόξαι σὴν παῖδ' Ἀχιλεῖ
σφάγιον θέσθαι· τύμβου δ' ἐπιβὰς
οἶσθ' ὅτε χρυσέοις ἐφάνη σὺν ὅπλοις,
τὰς ποντοπόρους δ' ἔσχε σχεδίας
λαίφη προτόνοις ἐπερειδομένας,
τάδε θωΰσσων·
Ποῖ δή, Δαναοί, τὸν ἐμὸν τύμβον
   στέλλεσθ' ἀγέραστον ἀφέντες ;
Πολλῆς δ' ἔριδος συνέπαισε κλύδων,
δόξα δ' ἐχώρει δίχ' ἀν' Ἑλλήνων
στρατὸν αἰχμητήν, τοῖς μὲν διδόναι
τύμβῳ σφάγιον, τοῖς δ' οὐχὶ δοκοῦν.
Ἦν δ' ὁ τὸ μὲν σὸν σπεύδων ἀγαθὸν
τῆς μαντιπόλου Βάκχης ἀνέχων

λέκτρ' Ἀγαμέμνων·
τὼ Θησείδα δ', ὄζω Ἀθηνῶν,
δισσῶν μύθων ῥήτορες ἦσαν·
γνώμῃ δὲ μιᾷ συνεχωρείτην,
τὸν Ἀχίλλειον τύμβον στεφανοῦν
αἵματι χλωρῷ, τὰ δὲ Κασάνδρας
λέκτρ' οὐκ ἐφάτην τῆς Ἀχιλείας
πρόσθεν θήσειν ποτὲ λόγχης.
Σπουδαὶ δὲ λόγων κατατεινομένων
ἦσαν ἴσαι πως, πρὶν ὁ ποικιλόφρων
κόπις ἡδυλόγος δημοχαριστὴς
Λαερτιάδης πείθει στρατιὰν
μὴ τὸν ἄριστον Δαναῶν πάντων
δούλων σφαγίων οὕνεκ' ἀπωθεῖν,
μηδέ τιν' εἰπεῖν παρὰ Περσεφόνῃ
στάντα φθιμένων
ὡς ἀχάριστοι Δαναοὶ Δαναοῖς
τοῖς οἰχομένοις ὑπὲρ Ἑλλήνων
Τροίας πεδίων ἀπέβησαν.
Ἥξει δ' Ὀδυσεὺς ὅσον οὐκ ἤδη,
πῶλον ἀφέλξων σῶν ἀπὸ μαστῶν
ἔκ τε γεραιᾶς χερὸς ὁρμήσων.
Ἀλλ' ἴθι ναούς, ἴθι πρὸς βωμούς,
Ἀγαμέμνονος ἵζ' ἱκέτις γονάτων,
κήρυσσε θεοὺς τούς τ' οὐρανίδας
τούς θ' ὑπὸ γαῖαν.
Ἤ γάρ σε λιταὶ διακωλύσουσ'
ὀρφανὸν εἶναι παιδὸς μελέας,
ἢ δεῖ σ' ἐπιδεῖν τύμβου προπετῆ
φοινισσομένην αἵματι παρθένον
ἐκ χρυσοφόρου
δειρῆς νασμῷ μελαναυγεῖ.

VERS LE COMMENTAIRE

1 Quelles nouvelles supplémentaires le chœur apporte-t-il à Hécube ? Quelle attitude lui conseille-t-il d'adopter ?

2 Un débat à l'« assemblée du peuple » : quels sont les arguments des uns et des autres ? Quelles sont les caractéristiques de l'orateur démagogue (comme dans l'Athènes contemporaine d'Euripide), incarné ici par Ulysse ?

3 Étudiez la conception des morts qui apparaît ici, puis la part du religieux et du merveilleux dans les croyances et dans le culte qu'on leur rend.

4. Hécube révèle à Polyxène le sort qui l'attend

Vers 154-215 ➤ traduction p. 120-122

Les deux scènes suivantes sont entièrement chantées. Hécube exprime d'abord sa douleur et invite sa fille à la rejoindre. Celle-ci sort à son tour, effrayée d'abord par l'émotion de sa mère, puis par la terrible nouvelle qu'elle lui apprend.

Premier épisode, scènes 1 et 2 – Hécube, Polyxène, le chœur
Scène 1 : monodie d'Hécube

ΕΚΑΒΗ

Οἲ 'γὼ μελέα, τί ποτ' ἀπύσω ; Str.
ποίαν ἀχώ, ποῖον ὀδυρμόν,
δειλαία δειλαίου γήρως,
δουλείας [τᾶς] οὐ τλατᾶς,
[τᾶς] οὐ φερτᾶς ; οἴμοι.
Τίς ἀμύνει μοι ; ποία γέννα,
ποία δὲ πόλις ; Φροῦδος πρέσβυς,
φροῦδοι παῖδες.
Ποίαν ἢ ταύταν ἢ κείναν
στείχω ; [ποῖ δ' ἥσω ;] Ποῦ τις θεῶν
ἢ δαίμων ἐπαρωγός ;
Ὦ κάκ' ἐνεγκοῦσαι,
Τρῳάδες ὦ κάκ' ἐνεγκοῦσαι
πήματ', ἀπωλέσατ' ὠλέσατ'· οὐκέτι μοι βίος
ἀγαστὸς ἐν φάει.
Ὦ τλάμων ἄγησαί μοι πούς,
ἄγησαι τᾷ γηραιᾷ
πρὸς τάνδ' αὐλάν. Ὦ τέκνον, ὦ παῖ
δυστανοτάτας [ματέρος], ἔξελθ' ἔξελθ'
οἴκων, ἄιε ματέρος αὐδάν
[ὦ τέκνον, ὡς εἰδῇς οἵαν οἵαν
ἀίω φάμαν περὶ σᾶς ψυχᾶς].

Polyxène sort par la porte centrale de la skènè.

Scène 2 : *kommos* Hécube-Polyxène

ΠΟΛΥΞΕΝΗ

’Ιώ·
μᾶτερ μᾶτερ τί βοᾷς ; Τί νέον
καρύξασ’ οἴκων μ’ ὥστ’ ὄρνιν
θάμβει τῷδ’ ἐξέπταξας ;
ΕΚ. Οἴμοι, τέκνον.
ΠΛ. Τί με δυσφημεῖς ; Φροίμιά μοι κακά.
ΕΚ. Αἰαῖ σᾶς ψυχᾶς.
ΠΛ. ’Εξαύδα· μὴ κρύψῃς δαρόν.
Δειμαίνω δειμαίνω, μᾶτερ,
τί ποτ’ ἀναστένεις.
ΕΚ. [’Ω] τέκνον τέκνον μελέας ματρός.
ΠΛ. Τί τόδ’ ἀγγέλλεις ;
ΕΚ. Σφάξαι σ’ ’Αργείων κοινὰ
συντείνει πρὸς τύμβον γνώμα
Πηλείᾳ γέννᾳ.
ΠΛ. Οἴμοι, μᾶτερ, πῶς φθέγγῃ
ἀμέγαρτα κακῶν ; Μάνυσόν μοι,
μάνυσον, μᾶτερ.
ΕΚ. Αὐδῶ, παῖ, δυσφήμους φήμας·
ἀγγέλλουσ’ ’Αργείων δόξαι
ψήφῳ τᾶς σᾶς περί μοι ψυχᾶς.
ΠΛ. ’Ω δεινὰ παθοῦσ’, ὦ παντλάμων, Ant.
ὦ δυστάνου μᾶτερ βιοτᾶς,
οἵαν οἵαν αὖ σοι λώβαν
ἐχθίσταν ἀρρήταν τ’
ὦρσέν τις δαίμων·
οὐκέτι σοι παῖς ἅδ’ οὐκέτι δὴ
γήρᾳ δειλαίῳ δειλαία
συνδουλεύσω.
Σκύμνον γάρ μ’, ὥστ’ οὐριθρέπταν
μόσχον, δειλαία
δειλαίαν εἰσόψῃ
χειρὸς ἀναρπαστὰν

σᾶς ἄπο λαιμότομόν τ' Ἀίδᾳ
γᾶς ὑποπεμπομέναν σκότον, ἔνθα νεκρῶν μέτα
τάλαινα κείσομαι.
Καὶ σοῦ μέν, μᾶτερ, δυστάνου
κλαίω πανδύρτοις θρήνοις,
τὸν ἐμὸν δὲ βίον, λώβαν λύμαν τ',
οὐ μετακλαίομαι, ἀλλὰ θανεῖν μοι
ξυντυχία κρείσσων ἐκύρησεν.

VERS LE COMMENTAIRE

1 Quel est le registre de ces deux scènes (créé par la métrique, le vocabulaire, les images) ?

2 À qui Polyxène songe-t-elle d'abord en apprenant le sort qui l'attend ? Comparez les plaintes d'Hécube, dans la première scène, et celles de Polyxène dans la seconde.

3 En quoi les derniers vers annoncent-ils déjà la scène avec Ulysse ? Précisez le caractère de Polyxène tel qu'il commence à se dessiner ici.

5. Arrivée d'Ulysse et première tentative d'Hécube

Vers 216-250 > traduction p. 122-123

Ulysse arrive aussitôt pour emmener Polyxène. Commence alors une très longue scène d'agôn, c'est-à-dire d'affrontement verbal, où Ulysse va se trouver confronté d'abord à Hécube, puis à Polyxène. Hécube ici se prépare au combat et attaque la première.

Premier épisode, scène 3 (début) – le chœur, Ulysse, Hécube, Polyxène

ΧΟΡΟΣ
Καὶ μὴν Ὀδυσσεὺς ἔρχεται σπουδῇ ποδός,
Ἑκάβη, νέον τι πρὸς σὲ σημανῶν ἔπος.
ΟΔΥΣΣΕΥΣ
Γύναι, δοκῶ μέν σ' εἰδέναι γνώμην στρατοῦ
ψῆφόν τε τὴν κρανθεῖσαν· ἀλλ' ὅμως φράσω.
Ἔδοξ' Ἀχαιοῖς παῖδα σὴν Πολυξένην
σφάξαι πρὸς ὀρθὸν χῶμ' Ἀχιλλείου τάφου.
Ἡμᾶς[1] δὲ πομποὺς καὶ κομιστῆρας κόρης
τάσσουσιν εἶναι· θύματος δ' ἐπιστάτης
ἱερεύς τ' ἐπέστη τοῦδε παῖς Ἀχιλλέως.
Οἶσθ' οὖν ὃ δρᾶσον ; μήτ' ἀποσπασθῇς βίᾳ
μήτ' ἐς χερῶν ἅμιλλαν ἐξέλθῃς ἐμοί·
γίγνωσκε δ' ἀλκὴν καὶ παρουσίαν κακῶν
τῶν σῶν. Σοφόν τοι κἀν κακοῖς ἃ δεῖ φρονεῖν[2].
ΕΚΑΒΗ
Αἰαῖ· παρέστηχ', ὡς ἔοικ', ἀγὼν μέγας[3],
πλήρης στεναγμῶν οὐδὲ δακρύων κενός.
Κἀγὼ γὰρ οὐκ ἔθνῃσκον οὗ μ' ἐχρῆν θανεῖν,
οὐδ' ὤλεσέν με Ζεύς, τρέφει δ', ὅπως ὁρῶ
κακῶν κάκ' ἄλλα μείζον' ἡ τάλαιν' ἐγώ.
Εἰ δ' ἔστι[4] τοῖς δούλοισι τοὺς ἐλευθέρους
μὴ λυπρὰ μηδὲ καρδίας δηκτήρια
ἐξιστορῆσαι, σοὶ μὲν εἰρῆσθαι χρεών[5],

ἡμᾶς δ' ἀκοῦσαι τοὺς ἐρωτῶντας τάδε[6].
ΟΔ. Ἔξεστ', ἐρώτα· τοῦ χρόνου[7] γὰρ οὐ φθονῶ.
ΕΚ. Οἶσθ' ἡνίκ' ἦλθες Ἰλίου κατάσκοπος[8],
δυσχλαινίᾳ τ' ἄμορφος, ὀμμάτων τ' ἄπο
φόνου σταλαγμοὶ σὴν κατέσταζον γένυν ;
ΟΔ. Οἶδ'· οὐ γὰρ ἄκρας καρδίας[9] ἔψαυσέ μου.
ΕΚ. Ἔγνω δέ σ' Ἑλένη καὶ μόνῃ κατεῖπ' ἐμοί ;
ΟΔ. Μεμνήμεθ' ἐς κίνδυνον ἐλθόντες μέγαν.
ΕΚ. Ἥψω δὲ γονάτων τῶν ἐμῶν[10] ταπεινὸς ὤν ;
ΟΔ. Ὥστ' ἐνθανεῖν γε σοῖς πέπλοισι χεῖρ' ἐμήν.
249 ΕΚ. Τί δῆτ' ἔλεξας δοῦλος ὢν ἐμὸς τότε ;
250 ΟΔ. Πολλῶν λόγων εὑρήμαθ', ὥστε μὴ θανεῖν.
247 ΕΚ. Ἔσωσα δῆτά σ' ἐξέπεμψά τε χθονός ;
248 ΟΔ. Ὥστ' εἰσορᾶν γε φέγγος ἡλίου τόδε.

NOTES

1. *Pluriel de majesté ; Ulysse parle de lui-même.*

2. **Σοφόν (ἐστι)** ; **κἀν = καὶ ἐν** ; **ἃ δεῖ φρονεῖν** : avoir les pensées qu'il faut (= qui conviennent).

3. *Le mot* **ἀγών** *est ici employé dans un double sens ; il désigne au sens propre la bataille qu'Hécube doit livrer pour sauver sa fille ; mais l'*agôn *est aussi, dans la tragédie, une scène obéissant à un schéma précis, montrant l'affrontement de deux personnages. Euripide prend ici des libertés avec ce schéma, en particulier parce que ce sera un* agôn *à trois personnages (voir passages suivants).*

4. **ἔστι** *ainsi accentué est l'équivalent de* **ἔξεστι** (il est possible) ; *cf. vers 238.*

5. **χρεών** *dans la tragédie est l'équivalent de* **χρή**.

6. **ἡμᾶς τοὺς ἐρωτῶντας τάδε** (nous qui posons ces questions) *est sujet de* **ἀκοῦσαι**. *Hécube emploie un participe masculin parce qu'elle pense non à elle seule, mais à l'ensemble des esclaves.*

7. *Génitif partitif.*

8. Cf. Odyssée, *IV, 242 sq. : Ulysse déguisé avait réussi à entrer dans Troie pour massacrer des Troyens. Hélène l'a reconnu, mais sans le dénoncer. Le rôle joué par Hécube semble une invention d'Euripide, à moins qu'il ait figuré déjà dans la* Petite Iliade.

9. **ἄκρας καρδίας μου** : au fond de mon cœur ; *génitif de contact (partitif).*

10. *Geste rituel de supplication : le suppliant agenouillé entoure d'un bras les genoux de celui dont il demande la protection.*

Traduction des vers 247-250

❑❑❑❑❑❑❑

1. Traduction de M. Artaud (1842)

HÉCUBE. – Que disais-tu alors, quand je t'avais en ma puissance ?
ULYSSE. – Tout ce que le danger pouvait me suggérer pour ne pas mourir.
HÉCUBE. – Je te sauvai alors, et je t'aidai à fuir.
ULYSSE. – Oui, et je te dois de voir encore la lumière.

❑❑❑❑❑❑❑ **2. Traduction de Marie Delcourt-Curvers (© Gallimard, 1962)**

HÉCUBE. – Et moi je t'ai sauvé, je t'ai laissé partir.

ULYSSE. – Si bien qu'aujourd'hui je vois la lumière.

HÉCUBE. – À ce moment où c'est toi qui étais mon esclave, que m'as-tu dit ?

ULYSSE. – Tout ce qu'on peut trouver quand on veut échapper à la mort.

❑❑❑❑❑❑❑ **3. Traduction de Victor-Henri Debidour (© Éditions de Fallois, 1999)**

HÉCUBE. – Et je t'ai sauvé, n'est-ce pas ? Je t'ai laissé sortir de notre territoire ?

ULYSSE. – Oui. C'est à quoi je dois de voir ici le soleil briller.

HÉCUBE. – Et que m'as-tu dit, ce jour-là où tu étais à ma discrétion ?

ULYSSE. – Tout ce que j'ai pu trouver à dire pour échapper à la mort.

Entraînement au BAC

1 Langue (vocabulaire). Précisez les deux sens du verbe δοκῶ, vers 218 et 220.

2 Traduction

a. Vous remarquez que certains éditeurs ont interverti les vers 247-248 et 249-250. Pourquoi, selon vous ?

b. Comment les traducteurs ont-ils rendu les mots δοῦλος (v. 249) et εὑρήματα (v. 250) ? À qui donnez-vous raison et pourquoi ?

3 Analyse

a. Comparez l'attitude et le ton d'Ulysse dans les deux parties de la scène.

b. Comment s'appelle l'affrontement vers par vers qu'on trouve dans la seconde partie du passage ? Que veut démontrer Hécube par cet interrogatoire serré ?

c. Que pensez-vous des réponses d'Ulysse dans la seconde partie ? Que peuvent-elles avoir d'ambigu ?

4 Version. Traduisez les vers 225-233.

6. Le plaidoyer d'Hécube

Vers 251-298 ➤ traduction p. 123-124

Traditionnellement, dans une scène d'agôn, chacun plaide sa cause à son tour et le chœur commente ce qu'il vient d'entendre. Hécube essaie d'abord de montrer à Ulysse toutes les raisons qu'il a d'épargner sa fille.

Premier épisode, scène 3 (suite) – Ulysse, Hécube, Polyxène, le chœur

ΕΚΑΒΗ

Οὔκουν κακύνῃ τοῖσδε τοῖς βουλεύμασιν,
ὃς ἐξ ἐμοῦ μὲν ἔπαθες οἷα φῂς παθεῖν,
δρᾷς δ' οὐδὲν ἡμᾶς εὖ, κακῶς δ' ὅσον δύνᾳ ;
'Αχάριστον ὑμῶν σπέρμ', ὅσοι δημηγόρους
ζηλοῦτε τιμάς· μηδὲ γιγνώσκοισθέ μοι,
οἳ τοὺς φίλους βλάπτοντες οὐ φροντίζετε,
ἢν τοῖσι πολλοῖς πρὸς χάριν λέγητέ τι.
'Ατὰρ τί δὴ σόφισμα τοῦθ' ἡγούμενοι
ἐς τήνδε παῖδα ψῆφον ὥρισαν φόνου ;
Πότερα τὸ χρῆν[1] σφ' ἐπήγαγ' ἀνθρωποσφαγεῖν[2]
πρὸς τύμβον, ἔνθα βουθυτεῖν μᾶλλον πρέπει ;
"Η τοὺς κτανόντας ἀνταποκτεῖναι θέλων
ἐς τήνδ' 'Αχιλλεὺς ἐνδίκως τείνει φόνον ;
'Αλλ' οὐδὲν αὐτὸν ἥδε γ' εἴργασται κακόν.
'Ελένην νιν αἰτεῖν χρῆν τάφῳ προσφάγματα·
κείνη γὰρ ὤλεσέν νιν ἐς Τροίαν τ' ἄγει.
Εἰ δ' αἰχμαλώτων χρή τιν' ἔκκριτον θανεῖν
κάλλει θ' ὑπερφέρουσαν, οὐχ ἡμῶν τόδε[3]·
ἡ Τυνδαρὶς γὰρ εἶδος ἐκπρεπεστάτη,
ἀδικοῦσά θ' ἡμῶν οὐδὲν ἧσσον[4] ηὑρέθη.
Τῷ μὲν δικαίῳ τόνδ' ἁμιλλῶμαι λόγον·
ἃ δ' ἀντιδοῦναι[5] δεῖ σ' ἀπαιτούσης ἐμοῦ,
ἄκουσον. "Ηψω τῆς ἐμῆς, ὡς φῄς, χερός
καὶ τῆσδε γραίας προσπίτνων παρηίδος·

Elle tombe aux pieds d'Ulysse.

ἀνθάπτομαί σου τῶνδε τῶν αὐτῶν ἐγώ
χάριν τ' ἀπαιτῶ τὴν τόθ' ἱκετεύω τέ σε,
μή μου τὸ τέκνον ἐκ χερῶν ἀποσπάσῃς,
μηδὲ κτάνητε· τῶν τεθνηκότων ἅλις.
Ταύτῃ γέγηθα κἀπιλήθομαι κακῶν·
ἥδ' ἀντὶ πολλῶν ἐστί μοι παραψυχή,
πόλις, τιθήνη, βάκτρον, ἡγεμὼν ὁδοῦ.
Οὐ τοὺς κρατοῦντας χρὴ κρατεῖν ἃ μὴ χρεών,
οὐδ' εὐτυχοῦντας εὖ δοκεῖν πράξειν ἀεί·
κἀγὼ γὰρ ἦ ποτ', ἀλλὰ νῦν οὐκ εἴμ' ἔτι,
τὸν πάντα δ' ὄλβον ἦμαρ ἕν μ' ἀφείλετο.
'Αλλ', ὦ φίλον γένειον, αἰδέσθητί με,
οἴκτιρον· ἐλθὼν δ' εἰς 'Αχαιικὸν στρατόν
παρηγόρησον[6], ὡς ἀποκτείνειν φθόνος
γυναῖκας, ἃς τὸ πρῶτον οὐκ ἐκτείνατε
βωμῶν ἀποσπάσαντες, ἀλλ' ᾠκτίρατε.
Νόμος δ' ἐν ὑμῖν τοῖς τ' ἐλευθέροις ἴσος
καὶ τοῖσι δούλοις αἵματος κεῖται πέρι[7].
Τὸ δ' ἀξίωμα, κἂν κακῶς λέγῃ[8], τὸ σόν
πείσει· λόγος γὰρ ἔκ τ' ἀδοξούντων ἰών
κἀκ τῶν δοκούντων αὑτὸς[9] οὐ ταὐτὸν σθένει.

ΧΟΡΟΣ

Οὐκ ἔστιν οὕτω στερρὸς ἀνθρώπου φύσις,
ἥτις γόων σῶν καὶ μακρῶν ὀδυρμάτων
κλύουσα θρήνους οὐκ ἂν ἐκβάλοι δάκρυ.

NOTES

1. **τὸ χρῆν** *donné par les manuscrits est une forme d'infinitif exceptionnelle (pour* **τὸ χρῆναι**, *contraction de* **χρὴ εἶναι**).

2. **σφε = αὐτούς** ; **ἀνθρωπο-σφαγεῖν** *(hapax)* : sacrifier un être humain *(ne pas confondre avec* **ἀνθρωπο-φαγεῖν** *!).*

3. *Phrase nominale qui joue le rôle de principale ;* **ἡμῶν** : *génitif d'appartenance.*

4. **ἡμῶν οὐδὲν ἧσσον** : *litote.*

5. *Hécube revient à l'argument du don (de la vie) qu'elle a fait à Ulysse, et du contre-don qu'il lui doit. Cf. plus loin* **῞Ηψω / ἀνθάπτομαι**.

6. **Παρηγόρησον ὡς...** : exhorte-les en disant que... (**ἡ Παρήγορος** *est chez Pausanias la déesse de la Persuasion)* ; **ἀποκτείνειν γυναῖκας φθόνος (ἐστιν)** : tuer des femmes est un acte qui attire la malveillance des dieux.

7. **αἵματος πέρι** *(préposition postposée)* : quand il s'agit d'un meurtre.

8. **τὸ ἀξίωμα τὸ σόν** : ton prestige ; **κἂν = καὶ ἐὰν** ; **κακῶς λέγειν** *ne signifie pas* parler mal, *mais* plaider une mauvaise cause, avoir tort.

9. *Le sens de* **δοκούντων** *est à tirer de son contraire* **ἀδοξούντων** *au vers précédent ; et attention à l'esprit rude de* **αὑτός** !

Traduction des vers 251-257

❑❑❑❑❑❑❑ **1. Traduction de M. Artaud (1842)**

Eh bien ! n'est-ce pas d'un méchant ce que tu médites contre nous, toi qui, après avoir reçu de moi les services que tu avoues, loin de me rendre le bien, me fais tout le mal qu'il est en toi de me faire ? Ô race ingrate, orateurs populaires, qui briguez les honneurs ! loin de moi, vous qui comptez pour rien de nuire à vos amis, pourvu que vos discours plaisent à la multitude !

❑❑❑❑❑❑❑ **2. Traduction de Louis Méridier (© Les Belles Lettres, 1927)**

N'es-tu donc pas infâme en tes desseins présents, toi qui, traité par moi comme tu en conviens, nous fais au lieu de bien tout le mal que tu peux ? Ingrate engeance que la vôtre, vous dont les discours ambitionnent la faveur populaire ! Puissé-je ne pas vous connaître, vous qui n'avez cure de nuire à vos amis, pourvu que vos propos flattent la foule !

❑❑❑❑❑❑❑ **3. Traduction de Claire Nancy (© GF-Flammarion, 2000)**

Et tu n'es pas infâme, de venir avec les projets que tu as,
toi, que j'ai traité comme tu dis que je l'ai fait,
qui, au lieu de bienfaits, me fais tout le mal que tu peux ?
Engeance ingrate que la vôtre, vous tous les flatteurs
qui briguez les honneurs populaires ! Je ne veux rien savoir de vous,
qui portez tort à vos amis sans avoir de scrupule [...].

Entraînement au BAC

1 Langue (vocabulaire)

a. Vous connaissez l'expression εὖ ποιεῖν τινα : ***faire du bien à quelqu'un*** et son contraire, κακῶς ποιεῖν τινα : ***faire du mal à quelqu'un***. Repérez-en des variantes aux vers 253 et 264 et analysez-les.

b. Que signifie l'expression εὖ πράττειν, vers 283 (à ne pas confondre avec εὖ ποιεῖν) ?

2 Traduction

a. Lequel des trois auteurs vous paraît avoir traduit le plus élégamment les trois premiers vers ? Quelle recherche de mise en forme poétique remarquez-vous dans la traduction de Louis Méridier ?

b. Donnez la traduction littérale de δημηγόρους (v. 254) et de μὴ γιγνώσκοισθέ μοι (v. 255), puis comparez les traductions proposées. Quelles transpositions constatez-vous ?

3 Analyse

a. Retrouvez le plan de l'argumentation d'Hécube dans sa tirade et soulignez les jeux de scène qui l'accompagnent.

b. Relevez les effets rhétoriques dans le discours d'Hécube (vocabulaire, syntaxe, effets d'antithèse) et précisez les remarques qui peuvent faire songer à l'actualité (influence des sophistes à la fin du ve siècle).

c. Quels sont les éléments pathétiques de cette scène, qui arrachent des larmes au chœur (v. 296-298) ?

d. Précisez d'après les vers 273-277 le rituel de la supplication.

4 Version. Traduisez les vers 279-285.

7. Réponse d'Ulysse et supplications d'Hécube

Vers 299-341 > traduction p. 125-126

Ulysse rejette les arguments d'Hécube et démontre la justesse de la décision des Grecs.

Premier épisode, scène 3 (suite) – Ulysse, Hécube, Polyxène, le chœur

ΟΔΥΣΣΕΥΣ

Ἑκάβη, διδάσκου, μηδὲ τῷ θυμουμένῳ
τὸν εὖ λέγοντα δυσμενῆ ποιοῦ[1] φρενί.
Ἐγὼ τὸ μὲν σὸν σῶμ' ὑφ' οὗπερ εὐτύχουν
σῴζειν ἕτοιμός εἰμι κοὐκ ἄλλως λέγω[2].
ἃ δ' εἶπον[3] εἰς ἅπαντας οὐκ ἀρνήσομαι,
Τροίας ἁλούσης ἀνδρὶ τῷ πρώτῳ στρατοῦ
σὴν παῖδα δοῦναι σφάγιον ἐξαιτουμένῳ.
Ἐν τῷδε γὰρ κάμνουσιν αἱ πολλαὶ πόλεις,
ὅταν τις ἐσθλὸς καὶ πρόθυμος ὢν ἀνήρ
μηδὲν φέρηται[4] τῶν κακιόνων πλέον.
Ἡμῖν δ' Ἀχιλλεὺς ἄξιος τιμῆς, γύναι,
θανὼν ὑπὲρ γῆς Ἑλλάδος κάλλιστ'[5] ἀνήρ.
Οὔκουν τόδ' αἰσχρόν, εἰ βλέποντι μὲν φίλῳ
χρώμεσθ'[6], ἐπεὶ δ' ὄλωλε, μὴ χρώμεσθ' ἔτι ;
Εἶεν[7]. τί δῆτ' ἐρεῖ τις, ἤν τις αὖ φανῇ[8]
στρατοῦ τ' ἄθροισις πολεμίων τ' ἀγωνία ;
Πότερα μαχούμεθ' ἢ φιλοψυχήσομεν,
τὸν κατθανόνθ' ὁρῶντες οὐ τιμώμενον ;
Καὶ μὴν ἔμοιγε ζῶντι μέν, καθ' ἡμέραν
κεἰ σμίκρ' ἔχοιμι, πάντ' ἂν ἀρκούντως ἔχοι·
τύμβον δὲ βουλοίμην ἂν ἀξιούμενον
τὸν ἐμὸν ὁρᾶσθαι· διὰ μακροῦ γὰρ ἡ χάρις.
Εἰ δ' οἰκτρὰ πάσχειν φῄς, τάδ' ἀντάκουέ μου·
εἰσὶν παρ' ἡμῖν οὐδὲν ἧσσον ἄθλιαι
γραῖαι γυναῖκες ἠδὲ πρεσβῦται σέθεν[9],
νύμφαι τ' ἀρίστων νυμφίων τητώμεναι,

ὧν ἥδε κεύθει σώματ' Ἰδαία κόνις.
Τόλμα τάδ'[10]. Ἡμεῖς δ', εἰ κακῶς νομίζομεν
τιμᾶν τὸν ἐσθλόν, ἀμαθίαν ὀφλήσομεν[11].
οἱ βάρβαροι δὲ μήτε τοὺς φίλους φίλους
ἡγεῖσθε[12], μήτε τοὺς καλῶς τεθνηκότας
θαυμάζεθ', ὡς ἂν[13] ἡ μὲν Ἑλλὰς εὐτυχῇ,
ὑμεῖς δ' ἔχηθ' ὅμοια τοῖς βουλεύμασιν[14].

ΧΟΡΟΣ

Αἰαῖ· τὸ δοῦλον ὡς κακὸν πέφυκ'[15] ἀεί
τολμᾷ θ' ἃ μὴ χρή, τῇ βίᾳ νικώμενον.

Hécube, qui s'est relevée, se tourne vers Polyxène.

ΕΚΑΒΗ

Ὦ θύγατερ, οὑμοὶ μὲν λόγοι πρὸς αἰθέρα
φροῦδοι μάτην ῥιφθέντες ἀμφὶ σοῦ φόνου[16].
σὺ δ', εἴ τι μείζω δύναμιν ἢ μήτηρ ἔχεις,
σπούδαζε πάσας ὥστ'[17] ἀηδόνος στόμα
φθογγὰς ἱεῖσα, μὴ στερηθῆναι βίου.
Πρόσπιπτε δ' οἰκτρῶς τοῦδ' Ὀδυσσέως γόνυ
καὶ πεῖθ' — ἔχεις δὲ πρόφασιν· ἔστι γὰρ τέκνα
καὶ τῷδε — τὴν σὴν ὥστ' ἐποικτῖραι τύχην.

NOTES

1. **ποιοῦ** : *impératif moyen* (considérer comme) ; **διδάσκου** *est un impératif passif.*

2. **οὐκ ἄλλως λέγω** *(hellénisme)* : je ne parle pas autrement qu'il ne faut (= vainement).

3. **ἃ εἶπον**, *complément de* **οὐκ ἀρνήσομαι**, *est développé* par **δοῦναι σὴν παῖδα ἀνδρὶ…**

4. **φέρομαι** : remporter un prix.

5. *L'adverbe* **κάλλιστα** *(superlatif de* **καλῶς***)* *porte sur* **θάνων**.

6. *Construire* **εἰ χρώμε(σ)θα (τινὶ) φίλῳ** ; **βλέποντι** : quand il voit (la lumière du jour).

7. **εἶεν** (Bien !) *pose le point acquis, avant de passer aux conséquences.*

8. **φανῇ** *a pour sujets* **τις ἄθροισις στράτου** *et* **(τις) πολεμίων ἀγωνία.**

9. *Rapprochez* **σέθεν** (= **σου**) *de* **ἧσσον**.

10. **τόλμα** *(impératif)* : **τολμάω** *a ici son sens premier de* supporter, endurer ; *de même au vers 333.*

11. *Futur de* **ὀφλισκάνω**, être condamné en justice, se faire accuser de.

12. *Impératif.*

13. **ὡς ἄν** + *subj.* : *proposition de but.*

14. Et vous, ayez (un sort) semblable à vos conseils, *c'est-à-dire* catastrophique.

15. **ὡς πέφυκε… τολμᾷ τε** : *exclamatives* ; **τὸ δοῦλον** : la servitude.

16. *Construire :* **οἱ ἐμοὶ λόγοι ἀμφὶ (= περὶ) σοῦ φθόνου (εἰσὶ) φροῦδοι, ῥιφθέντες μάτην πρὸς αἰθέρα.**

17. **ὥστε = ὡς** (comme).

Traduction des vers 306-312

❑❑❑❑❑❑❑ **1. Traduction de M. Artaud (1842)**

[...] ce qui fait tort à la plupart des états, c'est qu'un homme brave et valeureux ne soit pas mieux récompensé que les lâches. Achille, ô femme, mérite d'être honoré par nous, lui qui est mort glorieusement pour la Grèce. Ne serait-il pas honteux, après avoir usé de son amitié pendant sa vie, de le méconnaître depuis qu'il n'est plus ?

❑❑❑❑❑❑❑ **2. Traduction de Marie Delcourt-Curvers (© Gallimard, 1962)**

Ce qui affaiblit trop d'États,
c'est qu'il refusent à l'homme grand et généreux
ce qui devrait le distinguer des gens de rien.
Achille a droit à tous nos honneurs, femme.
Il est mort pour la Grèce, noblement, en héros.
Honte à nous qui tant qu'il vivait profitions de son amitié
si nous devons, maintenant qu'il est mort, n'en plus faire de cas.

❑❑❑❑❑❑❑ **3. Traduction de Victor-Henri Debidour (© Éditions de Fallois, 1999)**

Ce qu'il y a de malsain dans la plupart des États, c'est que celui qui est valeureux et dévoué ne se voit rien accorder de plus que ceux qui ne valent pas cher. Achille mérite que nous l'honorions : pour notre patrie grecque il est mort glorieusement, en héros. Quelle honte pour nous, de prodiguer amitié à quelqu'un tant qu'il est de ce monde, et de la refuser dès qu'il n'est plus !

Entraînement au BAC

1 Langue. Précisez la nature du système conditionnel au vers 318 (καὶ εἰ σμικρὰ ἔχοιμι, πάντα ἂν ἀρκούντως ἔχοι).

2 Traduction

a. Quelle différence notez-vous dans la traduction des vers 311-312 ? Quel mot chacun des traducteurs a-t-il sous-entendu (τινί ou αὐτῷ ; *cf.* note 6) ? En quoi le temps du verbe χρώμεθα peut-il aider à choisir ?

b. Quelle différence notez-vous aussi dans la traduction de ce verbe χρώμεθα ? Pensez au sens usuel (***se servir de***) et à l'hellénisme χρῆσθαί τινι φίλῳ. Quelle traduction préférez-vous ?

c. Pouvez-vous, toujours à propos de ces vers 311-312, expliquer ce qu'est une parataxe ? Comment faudrait-il la rendre ? Comment les traducteurs l'ont-ils rendue ?

3 Analyse

a. Retrouvez le plan du discours d'Ulysse ; soulignez les mots qui renvoient textuellement aux arguments d'Hécube.

b. Ulysse se fait le défenseur de la morale dite « aristocratique » qui animait les héros homériques, c'est-à-dire la recherche de l'exploit et de la reconnaissance publique. Relevez ses arguments. Où peut-on voir au contraire une critique des États démocratiques ? et des États « barbares » ?

c. Comment Ulysse répond-il à l'argumentation d'Hécube concernant la vie qu'il lui doit ? et à son appel à la pitié ? Êtes-vous sensible à ses arguments ou l'accuseriez-vous de mauvaise foi ?

4 Version. Traduisez les vers 334-341.

8. Intervention de Polyxène

Vers 342-401 ➤ traduction p. 126-128

On aborde ici la dernière partie de l'agôn : l'affrontement entre Ulysse et Polyxène. Hécube a demandé à sa fille de tenter à son tour de fléchir Ulysse. Mais l'attitude de Polyxène n'est pas celle qu'on attendait – et qu'Ulysse redoutait.

Premier épisode, scène 3 (suite) – Polyxène, le chœur, Hécube, Ulysse

ΠΟΛΥΞΕΝΗ

Ὁρῶ σ', Ὀδυσσεῦ, δεξιὰν ὑφ' εἵματος
κρύπτοντα χεῖρα καὶ πρόσωπον ἔμπαλιν
στρέφοντα, μή σου προσθίγω γενειάδος.
Θάρσει· πέφευγας τὸν ἐμὸν Ἱκέσιον Δία[1]·
ὡς ἕψομαί γε τοῦ τ' ἀναγκαίου χάριν
θανεῖν τε χρῄζουσ'· εἰ δὲ μὴ βουλήσομαι,
κακὴ φανοῦμαι καὶ φιλόψυχος γυνή.
Τί γάρ με δεῖ ζῆν ; ᾗ πατὴρ μὲν ἦν ἄναξ
Φρυγῶν ἁπάντων· τοῦτό μοι πρῶτον βίου·
ἔπειτ' ἐθρέφθην ἐλπίδων καλῶν ὕπο
βασιλεῦσι νύμφη[2], ζῆλον οὐ σμικρὸν γάμων
ἔχουσ', ὅτου δῶμ'[3] ἑστίαν τ' ἀφίξομαι·
δέσποινα δ' ἡ δύστηνος Ἰδαίαισιν ἦ
γυναιξί, παρθένοις ἀπόβλεπτος μέτα[4],
ἴση θεοῖσι πλὴν τὸ κατθανεῖν μόνον·
νῦν δ' εἰμὶ δούλη. Πρῶτα μέν με τοὔνομα
θανεῖν ἐρᾶν τίθησιν[5] οὐκ εἰωθὸς ὄν·
ἔπειτ' ἴσως ἂν δεσποτῶν ὠμῶν φρένας[6]
τύχοιμ' ἄν, ὅστις ἀργύρου μ' ὠνήσεται,
τὴν Ἕκτορός τε χἀτέρων πολλῶν κάσιν,
προσθεὶς δ' ἀνάγκην σιτοποιὸν ἐν δόμοις,
σαίρειν τε δῶμα κερκίσιν τ' ἐφεστάναι
λυπρὰν ἄγουσαν ἡμέραν μ' ἀναγκάσει·
λέχη δὲ τἀμὰ δοῦλος ὠνητός ποθεν

χρανεῖ, τυράννων πρόσθεν ἠξιωμένα.
Οὐ δῆτ᾽· ἀφίημ᾽ ὀμμάτων ἐλεύθερον[7]
φέγγος τόδ᾽, Ἅιδῃ προστιθεῖσ᾽ ἐμὸν δέμας.
Ἄγ᾽ οὖν μ᾽, Ὀδυσσεῦ, καὶ διέργασαί[8] μ᾽ ἄγων·
οὔτ᾽ ἐλπίδος γὰρ οὔτε του δόξης ὁρῶ[9]
θάρσος παρ᾽ ἡμῖν ὥς ποτ᾽ εὖ πρᾶξαί με χρή.
Μῆτερ, σὺ δ᾽ ἡμῖν μηδὲν ἐμποδὼν γένῃ,
λέγουσα μηδὲ δρῶσα· συμβούλου δέ μοι
θανεῖν πρὶν αἰσχρῶν μὴ κατ᾽ ἀξίαν[10] τυχεῖν.
Ὅστις γὰρ οὐκ εἴωθε γεύεσθαι κακῶν,
φέρει μέν, ἀλγεῖ δ᾽ αὐχέν᾽ ἐντιθεὶς ζυγῷ·
θανὼν δ᾽ ἂν εἴη μᾶλλον εὐτυχέστερος
ἢ ζῶν· τὸ γὰρ ζῆν μὴ καλῶς μέγας πόνος.

ΧΟΡΟΣ

Δεινὸς χαρακτὴρ κἀπίσημος ἐν βροτοῖς
ἐσθλῶν γενέσθαι[11], κἀπὶ μεῖζον ἔρχεται[12]
τῆς εὐγενείας ὄνομα τοῖσιν ἀξίοις.

ΕΚΑΒΗ

Καλῶς μὲν εἶπας, θύγατερ, ἀλλὰ τῷ καλῷ
λύπη πρόσεστιν. Εἰ δὲ δεῖ τῷ Πηλέως
χάριν[13] γενέσθαι παιδὶ καὶ ψόγον φυγεῖν
ὑμᾶς, Ὀδυσσεῦ, τήνδε μὲν μὴ κτείνετε,
ἡμᾶς δ᾽ ἄγοντες πρὸς πυρὰν Ἀχιλλέως
κεντεῖτε, μὴ φείδεσθ᾽· ἐγὼ ᾽τεκον Πάριν,
ὃς παῖδα Θέτιδος ὤλεσεν τόξοις βαλών.

ΟΔΥΣΣΕΥΣ

Οὐ σ᾽, ὦ γεραιά, κατθανεῖν Ἀχιλλέως
φάντασμ᾽ Ἀχαιούς, ἀλλὰ τήνδ᾽ ᾐτήσατο.

ΕΚ. Ὑμεῖς δέ μ᾽ ἀλλὰ θυγατρὶ συμφονεύσατε,
καὶ δὶς τόσον πῶμ᾽ [14] αἵματος γενήσεται
γαίᾳ νεκρῷ τε τῷ τάδ᾽ ἐξαιτουμένῳ.

ΟΔ. Ἅλις κόρης σῆς θάνατος, οὐ προσοιστέος[15]
ἄλλος πρὸς ἄλλῳ· μηδὲ τόνδ᾽ ὠφείλομεν[16].

ΕΚ. Πολλή γ᾽ ἀνάγκη θυγατρὶ συνθανεῖν ἐμέ.

ΟΔ. Πῶς ; Οὐ γὰρ οἶδα δεσπότας κεκτημένος.

ΕΚ. Ὁποῖα κισσὸς δρυὸς ὅπως τῆσδ᾽ ἕξομαι.

Elle étreint Polyxène.

ΟΔ. Οὔκ, ἤν γε πείθῃ τοῖσι σοῦ σοφωτέροις.
ΕΚ. Ὥς[17] τῆσδ' ἑκοῦσα παιδὸς οὐ μεθήσομαι.
ΟΔ. Ἀλλ' οὐδ' ἐγὼ μὴν τήνδ' ἄπειμ' αὐτοῦ λιπών.

NOTES

1. Mon Zeus protecteur des suppliants, *c'est-à-dire* Zeus qui protège les suppliants (et me protégerait si je te suppliais).

2. *Attribut « proleptique » de* **ἐθρέφθην** ; *les scholies précisent* : **μέλλουσα ἔσεσθαι νύμφη βασιλεῦσι**.

3. *Interrogation indirecte :* pour savoir dans la maison de qui.

4. **μετά** + *datif (poétique) :* parmi.

5. *Construisez :* **τίθησι** (fait que) **με ἐρᾶν θανεῖν** ; *notez le verbe* **ἐρᾶν** *(cf. v. 347).*

6. *Accusatif de relation.*

7. **ἐλεύθερον** *attribut de* **φέγγος τόδε ὀμμάτων** (que je rends libre).

8. *Impératif* ; **δι-εργάζομαι** *signifie* achever jusqu'au bout (une tâche), *mais prend aussi le sens de* faire périr.

9. *Construisez :* **ὁρῶ παρ' ἡμῖν θάρσος** (motif d'oser) **οὔτε ἐλπίδος (= τοῦ ἐλπίζειν) οὔτε του (= τινος) δόξης (= τοῦ δοκεῖν τι** : d'avoir quelque raison de croire) **ὡς**.

10. **μὴ κατ' ἀξίαν** : qui ne sont pas conformes à ma valeur.

11. **(τὸ) ἐσθλῶν γενέσθαι** : le fait d'être né de parents nobles *est sujet*, **δεινὸς χαρακτήρ** *est attribut. Image empruntée au monnayage ;* **χαρακτήρ** : marque du graveur, empreinte ; **ἐπίσημος** : bien nette, *opposé au métal* **ἄ-σημος**.

12. **ἐπὶ μεῖζον ἔρχεται** : grandit.

13. **χάριν** *a ici le sens de* dette de reconnaissance.

14. **πῶμα** : boisson ; *allusion à la croyance que les morts se nourrissent des libations faites sur leur tombeau.*

15. *Adjectif verbal de* **προσ-φέρω**, *à valeur d'obligation.*

16. *Expression du regret ; sous-entendez* **θάνατον φέρειν**.

17. *Forme abrégée de* **ἴσθι ὡς** : sache que. *On peut sous-entendre la même expression au début de la réplique d'Ulysse.*

Traduction des vers 372-378

❑ ❑ ❑ ❑ ❑ ❑ ❑ **1. Traduction de Louis Méridier (© Les Belles-Lettres, 1927)**

Toi, ma mère, ne nous fais point obstacle ; pas un mot, pas un geste ! Aide-moi à vouloir la mort avant d'essuyer des opprobres indignes. Qui n'est pas habitué à goûter du malheur, endure le joug sans doute, mais souffre à y poser sa nuque ; et, mort, il serait plus heureux que vivant. Car vivre sans honneur est bien grande misère.

❑ ❑ ❑ ❑ ❑ ❑ ❑ **2. Traduction de Marie Delcourt-Curvers (© Gallimard, 1962)**

Toi, mère, pour me retenir, ne dis rien, ne fais rien.
Sois d'accord pour me souhaiter la mort qui préviendra pour moi la déchéance.
Qui n'a pas appris le goût du malheur
porte le joug, sans doute, mais s'y meurtrit la nuque,
et la mort lui paraît préférable.
Qu'est-ce qu'une vie avilie ? Une longue misère.

❑❑❑❑❑❑❑ **3. Traduction de Victor Debidour (© Éditions de Fallois, 1999)**

Toi, mère, n'essaie pas de me barrer la route, ne dis rien, ne fais rien pour cela. Il te faut, du même cœur que moi, vouloir que je périsse avant d'avoir subi la honte et l'indignité. Qui n'est pas habitué à avoir sur les lèvres le goût du malheur, ne supporte qu'avec amertume le joug qui pèse sur sa nuque. Il serait bien plus heureux de mourir, plutôt que de vivre ! Car une vie infâme n'est qu'une immense peine.

Entraînement au BAC

1 Langue. Dans les vers 347-348, comment est exprimé l'éventuel (εἰ μὴ βουλήσομαι, φανοῦμαι) ? Comment l'exprime-t-on d'ordinaire (transformez la subordonnée) ? Qu'implique généralement le tour utilisé ici ?

2 Traduction

a. Les vers 375-378 sont une suite de maximes. Les traductions vous paraissent-elles avoir bien rendu leur caractère formulaire ? Pourriez-vous proposer mieux ?

b. Au vers 377, on a θανών et non τεθνημένος. Que pourriez-vous reprocher à certaines traductions ?

3 Analyse

a. En quoi le discours de Polyxène diffère-t-il des plaidoyers d'Hécube et d'Ulysse ? Comment pourriez-vous le qualifier ? Quel en est le plan ?

b. Étudiez dans les vers 342-383 le thème de l'honneur et de la noblesse d'un côté, et celui du déshonneur de l'autre, en vous appuyant sur le vocabulaire. Relevez les maximes formulées par Polyxène et par le chœur.

c. Quelle est l'ultime tentative d'Hécube ? Quels jeux de scène sont indiqués par le texte dans cette dernière stichomythie, traditionnelle après les discours d'affrontement ?

4 Version. Traduisez les vers 342-348.

9. Les adieux de la mère et de la jeune fille

Vers 402-443 ➤ traduction p. 128-130

Hécube renonce à sauver Polyxène mais demande maintenant à périr avec elle ; cette dernière demande est rejetée par Ulysse. Il ne reste plus à la mère et à la fille qu'à pleurer ensemble sur le sort qui les attend.

Premier épisode, scène 3 (fin) – Polyxène, Hécube, le chœur

ΠΟΛΥΞΕΝΗ

Μῆτερ, πιθοῦ μοι· καὶ σύ, παῖ Λαερτίου,
χάλα τοκεῦσιν εἰκότως θυμουμένοις,
σύ τ', ὦ τάλαινα, τοῖς κρατοῦσι μὴ μάχου.
Βούλῃ πεσεῖν πρὸς οὖδας ἑλκῶσαί τε σόν
γέροντα χρῶτα πρὸς βίαν ὠθουμένη,
ἀσχημονῆσαί τ' ἐκ νέου βραχίονος
σπασθεῖσ', ἃ πείσῃ ; Μὴ σύ γ'· οὐ γὰρ ἄξιον.
'Αλλ', ὦ φίλη μοι μῆτερ, ἡδίστην χέρα
δὸς καὶ παρειὰν προσβαλεῖν παρηίδι·
ὡς οὔποτ' αὖθις, ἀλλὰ νῦν πανύστατον
ἀκτῖνα κύκλον θ' ἡλίου προσόψομαι.
Τέλος δέχῃ δὴ τῶν ἐμῶν προσφθεγμάτων.
Ὦ μῆτερ, ὦ τεκοῦσ', ἄπειμι δὴ κάτω,

ΕΚΑΒΗ

Ὦ θύγατερ, ἡμεῖς δ' ἐν φάει δουλεύσομεν.

ΠΛ. ἄνυμφος ἀνυμέναιος ὧν μ' ἐχρῆν τυχεῖν,
ΕΚ. Οἰκτρὰ σύ, τέκνον, ἀθλία δ' ἐγὼ γυνή.
ΠΛ. ἐκεῖ δ' ἐν Ἅιδου κείσομαι χωρὶς σέθεν.
ΕΚ. Οἴμοι· τί δράσω ; ποῖ τελευτήσω βίον ;
ΠΛ. Δούλη θανοῦμαι, πατρὸς οὖσ' ἐλευθέρου.
ΕΚ. Ἡμεῖς δὲ πεντήκοντά γ' ἄμμοροι τέκνων.
ΠΛ. Τί σοι πρὸς Ἕκτορ' ἢ γέροντ' εἴπω πόσιν ;
ΕΚ. Ἄγγελλε πασῶν ἀθλιωτάτην ἐμέ.
ΠΛ. Ὦ στέρνα μαστοί θ', οἵ μ' ἐθρέψαθ' ἡδέως.
ΕΚ. Ὦ τῆς ἀώρου, θύγατερ, ἀθλίας τύχης.

ΠΛ. Χαῖρ', ὦ τεκοῦσα, χαῖρε Κασάνδρα τ' ἐμοί,
ΕΚ. Χαίρουσιν ἄλλοι, μητρὶ δ' οὐκ ἔστιν τόδε.
ΠΛ. Ὅ τ' ἐν φιλίπποις Θρῃξὶ Πολύδωρος κάσις.
ΕΚ. Εἰ ζῇ γ'· ἀπιστῶ δ'· ὧδε πάντα δυστυχῶ.
ΠΛ. Ζῇ καὶ θανούσης ὄμμα συγκλῄσει τὸ σόν.
ΕΚ. Τέθνηκ' ἔγωγε, πρὶν θανεῖν, κακῶν ὕπο.
ΠΛ. Κόμιζ', Ὀδυσσεῦ, μ' ἀμφιθεὶς κάρᾳ πέπλους·
ὡς πρὶν σφαγῆναί γ' ἐκτέτηκα καρδίαν
θρήνοισι μητρὸς τήνδε τ' ἐκτήκω γόοις.
Ὦ φῶς· προσειπεῖν γὰρ σὸν ὄνομ' ἔξεστί μοι,
μέτεστι δ' οὐδὲν πλὴν ὅσον χρόνον ξίφους
βαίνω μεταξὺ καὶ πυρᾶς Ἀχιλλέως.

Polyxène sort avec Ulysse. Hécube s'affaisse sur le sol.

ΕΚ. Οἲ 'γώ, προλείπω· λύεται δέ μου μέλη.
Ὦ θύγατερ, ἅψαι μητρός, ἔκτεινον χέρα,
δός· μὴ λίπῃς μ' ἄπαιδ'. Ἀπωλόμην, φίλαι.
Ὣς τὴν Λάκαιναν σύγγονον Διοσκόροιν
Ἑλένην ἴδοιμι· διὰ καλῶν γὰρ ὀμμάτων
αἴσχιστα Τροίαν εἷλε τὴν εὐδαίμονα.

VERS LE COMMENTAIRE

1 Précisez les jeux de scène indiqués par le texte.

2 En quoi cette stichomythie finale rend-elle plus « humain » le personnage héroïque de Polyxène ? Qu'est-ce qui donne une résonance tragique à ses dernières consolations ?

3 Quelle conception de la vie et de la mort selon les anciens voit-on transparaître ici ?

4 En lisant l'*Iphigénie* de Racine, acte V, scène 3, relevez les emprunts de Racine à Euripide.

10. Le chœur chante son inquiétude devant l'avenir qui l'attend

Vers 444-483 ➤ traduction p. 130-131

Comme Polyxène, le chœur des jeunes Troyennes exprime son angoisse devant son avenir d'esclave.

Premier *stasimon* – le chœur, Hécube

ΧΟΡΟΣ

Αὔρα, ποντιὰς αὔρα, Str. 1.
ἅτε ποντοπόρους κομί-
ζεις θοὰς ἀκάτους ἐπ' οἶδμα λίμνας,
ποῖ με τὰν μελέαν πορεύ-
σεις ; τῷ δουλόσυνος πρὸς οἶ-
κον κτηθεῖσ' ἀφίξομαι ; ἢ
Δωρίδος ὅρμον αἴας ;
ἢ Φθιάδος, ἔνθα τὸν
καλλίστων ὑδάτων πατέρα
φασὶν 'Απιδανὸν γύας λιπαίνειν ;
ἢ νάσων, ἁλιήρει Ant. 1.
κώπᾳ πεμπομέναν τάλαι-
ναν, οἰκτρὰν βιοτὰν ἔχουσαν οἴκοις,
ἔνθα πρωτόγονός τε φοῖ-
νιξ δάφνα θ' ἱεροὺς ἀνέσ-
χε πτόρθους Λατοῖ φίλᾳ ὠ-
δῖνος ἄγαλμα Δίας ;
σὺν Δηλιάσιν τε κού-
ραισιν 'Αρτέμιδος θεᾶς
χρυσέαν ἄμπυκα τόξα τ' εὐλογήσω ;
Ἦ Παλλάδος ἐν πόλει Str. 2.
τᾶς καλλιδίφρου θεᾶς
ναίουσ' ἐν κροκέῳ πέπλῳ
ζεύξομαι ἆρα πώλους ἐν
δαιδαλέαισι ποικίλλουσ'

ἀνθοκρόκοισι πήναις, ἢ
Τιτάνων γενεὰν
τὰν Ζεὺς ἀμφιπύρῳ κοιμί-
ζει φλογμῷ Κρονίδας ;
Ὦ μοι τεκέων ἐμῶν, Ant. 2.
ὤ μοι πατέρων χθονός θ',
ἃ καπνῷ κατερείπεται
τυφομένα, δορίκτητος
Ἀργείων· ἐγὼ δ' ἐν ξεί-
νᾳ χθονὶ δὴ κέκλημαι δού-
λα, λιποῦσ' Ἀσίαν,
Εὐρώπας θεράπναν ἀλλά-
ξασ' Ἅιδα θαλάμους.

VERS LE COMMENTAIRE

1 Précisez les destinations possibles évoquées successivement par le chœur.

2 Polyxène imaginait une vie d'esclave enfermée à la maison, attachée à des tâches humiliantes. L'évocation des jeunes Troyennes est-elle aussi pessimiste ? En quoi apporte-t-elle une certaine détente dans l'atmosphère tragique ?

3 Qu'est-ce qui redonne une note plus sombre aux derniers vers ?

11. Le héraut Talthybios vient annoncer à Hécube la mort de Polyxène

Vers 484-517 **➤ traduction p. 131-132**

*Hécube est restée prostrée au sol pendant le chant du chœur. Arrive alors Talthybios (qui est dans l'*Iliade *le héraut d'Agamemnon). Il vient annoncer à Hécube qu'on l'attend pour donner les soins funèbres au cadavre de Polyxène, qui vient d'être sacrifiée sur la tombe d'Achille*[1].

Deuxième épisode, scène unique (début) – Talthybios, le chœur, Hécube

ΤΑΛΘΥΒΙΟΣ

Ποῦ τὴν ἄνασσαν δή ποτ' οὖσαν 'Ιλίου
Ἑκάβην ἂν ἐξεύροιμι, Τρῳάδες κόραι ;

ΧΟΡΟΣ

Αὕτη πέλας σου νῶτ' ἔχουσ' ἐπὶ χθονί,
Ταλθύβιε, κεῖται ξυγκεκλῃμένη πέπλοις.

ΤΑ. Ὦ Ζεῦ, τί λέξω ; πότερά σ' ἀνθρώπους ὁρᾶν ;
ἢ δόξαν ἄλλως τήνδε κεκτῆσθαι μάτην
[ψευδῆ, δοκοῦντας δαιμόνων εἶναι γένος],
τύχην δὲ πάντα τἀν βροτοῖς ἐπισκοπεῖν ;
Οὐχ ἥδ' ἄνασσα τῶν πολυχρύσων Φρυγῶν,
οὐχ ἥδε Πριάμου τοῦ μέγ' ὀλβίου δάμαρ ;
Καὶ νῦν πόλις μὲν πᾶσ' ἀνέστηκεν δορί,
αὐτὴ δὲ δούλη γραῦς ἄπαις ἐπὶ χθονί
κεῖται, κόνει φύρουσα δύστηνον κάρα.
Φεῦ φεῦ· γέρων μέν εἰμ', ὅμως δέ μοι θανεῖν
εἴη πρὶν αἰσχρᾷ περιπεσεῖν τύχῃ τινί.
'Ανίστασ', ὦ δύστηνε, καὶ μετάρσιον
πλευρὰν ἔπαιρε καὶ τὸ πάλλευκον κάρα.

1. Euripide reste volontairement vague sur l'emplacement de cette tombe. D'après le texte d'*Hécube*, elle semble se trouver en Chersonèse de Thrace, là où campe actuellement la flotte grecque. Mais elle ne peut en réalité se trouver que dans la plaine de Troie, où est mort Achille.

ΕΚΑΒΗ
Ἔα· τίς οὗτος σῶμα τοὐμὸν οὐκ ἐᾷ
κεῖσθαι ; Τί κινεῖς μ', ὅστις εἶ, λυπουμένην ;
ΤΑ. Ταλθύβιος ἥκω Δαναϊδῶν ὑπηρέτης,
Ἀγαμέμνονος πέμψαντος, ὦ γύναι, μέτα.

Hécube se relève.

ΕΚ. Ὦ φίλτατ', ἆρα κἄμ' ἐπισφάξαι τάφῳ
δοκοῦν Ἀχαιοῖς ἦλθες ; ὡς φίλ' ἂν λέγοις.
Σπεύδωμεν, ἐγκονῶμεν· ἡγοῦ μοι, γέρον.
ΤΑ. Σὴν παῖδα κατθανοῦσαν ὡς θάψῃς, γύναι,
ἥκω μεταστείχων σε· πέμπουσιν δέ με
δισσοί τ' Ἀτρεῖδαι καὶ λεὼς Ἀχαιικός.
ΕΚ. Οἴμοι, τί λέξεις ; οὐκ ἄρ' ὡς θανουμένους
μετῆλθες ἡμᾶς, ἀλλὰ σημανῶν κακά ;
Ὄλωλας, ὦ παῖ, μητρὸς ἁρπασθεῖσ' ἄπο·
ἡμεῖς δ' ἄτεκνοι τοὐπὶ σ'· ὢ τάλαιν' ἐγώ.
Πῶς καί νιν ἐξεπράξατ' ; ἆρ' αἰδούμενοι ;
ἢ πρὸς τὸ δεινὸν ἤλθεθ' ὡς ἐχθράν, γέρον,
κτείνοντες ; εἰπέ, καίπερ οὐ λέξων φίλα.

VERS LE COMMENTAIRE

1 Quelle est l'attitude de Talthybios devant la vieille reine ? Comparez-la avec l'attitude d'Ulysse.

2 Commentez les deux conceptions du monde évoquées par Talthybios dans les vers 488-491 (règne de Zeus ou règne de la τύχη). Vers laquelle Talthybios semble-t-il pencher ? Pourquoi ?

3 Quelle hypothèse pousse Hécube à se relever ? Cette hypothèse vous semble-t-elle vraisemblable ?

12. Une mort pathétique et admirable

Vers 518-584 > traduction p. 132-134

Talthybios fait à Hécube le récit de la mort de sa fille, ce qui fait vivre au spectateur les événements qui ont eu lieu en dehors de l'espace scénique.

Deuxième épisode, scène unique (suite) – Talthybios, le chœur, Hécube

ΤΑΛΘΥΒΙΟΣ

Διπλᾶ με χρῄζεις δάκρυα κερδᾶναι, γύναι,
σῆς παιδὸς οἴκτῳ· νῦν τε γὰρ λέγων κακὰ
τέγξω τόδ' ὄμμα, πρὸς τάφῳ θ' ὅτ' ὤλλυτο.
Παρῆν μὲν ὄχλος πᾶς 'Αχαιικοῦ στρατοῦ
πλήρης πρὸ τύμβου σῆς κόρης ἐπὶ σφαγάς·
λαβὼν δ' 'Αχιλλέως παῖς Πολυξένην χερός[1]
ἔστησ' ἐπ' ἄκρου χώματος[2], πέλας δ' ἐγώ·
λεκτοί τ' 'Αχαιῶν ἔκκριτοι νεανίαι,
σκίρτημα μόσχου σῆς[3] καθέξοντες χεροῖν,
ἕσποντο. Πλῆρες δ' ἐν χεροῖν λαβὼν δέπας
πάγχρυσον αἴρει χειρὶ παῖς 'Αχιλλέως
χοὰς θανόντι πατρί· σημαίνει δέ μοι
σιγὴν 'Αχαιῶν παντὶ κηρῦξαι στρατῷ.
Κἀγὼ καταστὰς εἶπον ἐν μέσοις τάδε·
Σιγᾶτ', 'Αχαιοί, σῖγα πᾶς ἔστω λεώς,
σίγα σιώπα· νήνεμον[4] δ' ἔστησ' ὄχλον.
Ὁ δ' εἶπεν· Ὦ παῖ Πηλέως, πατὴρ δ' ἐμός,
δέξαι χοάς μοι τάσδε κηλητηρίους,
νεκρῶν ἀγωγούς· ἐλθὲ δ', ὡς πίῃς μέλαν
κόρης ἀκραιφνὲς αἷμ', ὅ σοι δωρούμεθα
στρατός τε κἀγώ· πρευμενὴς δ' ἡμῖν γενοῦ
λῦσαί τε πρύμνας καὶ χαλινωτήρια
νεῶν δὸς ἡμῖν πρευμενοῦς τ' ἀπ' 'Ιλίου
νόστου τυχόντας πάντας ἐς πάτραν μολεῖν.
Τοσαῦτ' ἔλεξε, πᾶς δ' ἐπηύξατο στρατός
Εἶτ' ἀμφίχρυσον φάσγανον κώπης λαβὼν
ἐξεῖλκε κολεοῦ, λογάσι δ' 'Αργείων στρατοῦ

νεανίαις ἔνευσε[5] παρθένον λαβεῖν.
Ἡ δ', ὡς ἐφράσθη[6], τόνδ' ἐσήμηνεν λόγον[7]·
Ὦ τὴν ἐμὴν πέρσαντες 'Αργεῖοι πόλιν,
ἑκοῦσα θνῄσκω· μή τις ἅψηται χροός
τοὐμοῦ· παρέξω γὰρ δέρην εὐκαρδίως.
'Ελευθέραν δέ μ', ὡς ἐλευθέρα θάνω,
πρὸς θεῶν, μεθέντες κτείνατ'· ἐν νεκροῖσι γάρ
δούλη κεκλῆσθαι βασιλὶς οὖσ' αἰσχύνομαι.
Λαοὶ δ' ἐπερρόθησαν, 'Αγαμέμνων τ' ἄναξ
εἶπεν μεθεῖναι παρθένον νεανίαις.
[Οἳ δ', ὡς τάχιστ' ἤκουσαν ὑστάτην ὄπα,
μεθῆκαν, οὗπερ καὶ μέγιστον ἦν κράτος.][8]
Κἀπεὶ τόδ' εἰσήκουσε δεσποτῶν ἔπος,
λαβοῦσα πέπλους ἐξ ἄκρας ἐπωμίδος[9]
ἔρρηξε λαγόνος ἐς μέσον παρ' ὀμφαλόν,
μαστούς τ' ἔδειξε στέρνα θ' ὡς ἀγάλματος[10]
κάλλιστα, καὶ καθεῖσα πρὸς γαῖαν γόνυ
ἔλεξε πάντων τλημονέστατον λόγον·
'Ιδού, τόδ' εἰ μὲν στέρνον, ὦ νεανία,
παίειν προθυμῇ, παῖσον, εἰ δ' ὑπ' αὐχένα
χρῄζεις, πάρεστι λαιμὸς εὐτρεπὴς[11] ὅδε.
Ὁ δ' οὐ θέλων τε καὶ θέλων οἴκτῳ κόρης,
τέμνει σιδήρῳ πνεύματος διαρροάς·
κρουνοὶ[12] δ' ἐχώρουν. Ἡ δὲ καὶ θνῄσκουσ' ὅμως
πολλὴν πρόνοιαν εἶχεν εὐσχήμων πεσεῖν,
κρύπτουσ' ἃ κρύπτειν ὄμματ' ἀρσένων χρεών.
'Επεὶ δ' ἀφῆκε πνεῦμα θανασίμῳ σφαγῇ,
οὐδεὶς τὸν αὐτὸν εἶχεν 'Αργείων πόνον[13].
ἀλλ' οἳ μὲν αὐτῶν τὴν θανοῦσαν ἐκ χερῶν
φύλλοις ἔβαλλον[14], οἳ δὲ πληροῦσιν πυράν
κορμοὺς φέροντες πευκίνους, ὁ δ' οὐ φέρων
πρὸς τοῦ φέροντος τοιάδ' ἤκουεν κακά[15].
Ἕστηκας, ὦ κάκιστε, τῇ νεάνιδι
οὐ πέπλον οὐδὲ κόσμον[16] ἐν χεροῖν ἔχων ;
Οὐκ εἶ τι δώσων τῇ περίσσ' εὐκαρδίῳ
ψυχήν τ' ἀρίστῃ ; Τοιάδ' ἀμφὶ σῆς λέγων

παιδὸς θανούσης, εὐτεκνωτάτην τέ σε
πασῶν γυναικῶν δυστυχεστάτην θ' ὁρῶ.

ΧΟΡΟΣ

Δεινόν τι πῆμα Πριαμίδαις ἐπέζεσεν[17]
πόλει τε τῆμῇ θεῶν ἀνάγκαισιν τόδε[18].

NOTES

1. *Gén. de la partie qu'on touche.*

2. *Voir note 1 p. 58.*

3. *Litt.* les bonds de ta jeune génisse, *par analogie avec le sacrifice d'un jeune animal.*

4. **νήνεμος** : *litt.* sans vent *(de* **νη-**, *préfixe négatif +* **ἄνεμος***) ; la foule est implicitement comparée à une mer calmée.*

5. **νεύω** : faire un signe de tête *qui donne son accord,* faire signe de.

6. *Aoriste de forme passive, mais de sens moyen :* remarquer, comprendre.

7. *Polyxène peut s'exprimer ; dans l'*Agamemnon, *d'Eschyle, vers 235-236, le chœur envisage qu'on mette un bâillon à Iphigénie pour l'empêcher de lancer une imprécation contre ses meurtriers.*

8. *Les vers 555-556 sont supprimés par la plupart des éditeurs pour leur maladresse ; on peut cependant les conserver.*

9. **ἡ ἐπ-ωμίς, ίδος** : le haut de l'épaule (*litt.* ce qui est au-dessus de l'épaule, **ὁ ὦμος**).

10. **τὸ ἄγαλμα, ατος** : *ici* statue d'un dieu.

11. **εὐτρεπής** : bien tourné, *c'est-à-dire tourné vers le bas, pour un sacrifice aux dieux chtoniens.*

12. **κρουνοί** : un jet, une fontaine *(de sang).*

13. **πόνον** : activité, occupation.

14. *Le scholiaste remarque : « On jette des feuilles sur Polyxène comme si elle avait remporté la victoire dans un concours. »*

15. **κακά** (ou **κακῶς**) **ἀκούειν** : entendre des reproches, avoir mauvaise réputation.

16. *Offrandes qui vont sans doute être brûlées sur le bûcher qu'on prépare (et qui n'est pas destiné à Polyxène : elle doit être inhumée) ; cette coutume est mentionnée par Lucien.*

17. *Métaphore tirée de la vie quotidienne : l'eau bouillonne* (**ζέω**) *dans le chaudron et déborde sur* (**ἐπί**).

18. **τῆμῇ = τῇ ἐμῇ.** *Il vaut mieux conserver le texte des manuscrits* **ἀναγκαῖον** *(et non* **ἀνάγκαισιν***).*

Traduction des vers 555-562

1. Traduction juxtalinéaire de M. C. Leprévost (1845)

Les peuples (λαοί) n'ont pas plutôt ouï les derniers sons sortis de la bouche du chef dont l'empire est souverain, qu'ils la lâchent aussitôt ; pour elle, ranimée par l'ordre qu'elle vient d'entendre, elle saisit sa robe à l'épaule, la déchire jusqu'à la ceinture, découvre à nos yeux un sein et des mamelles comparables à ceux d'une belle statue, et, fléchissant le genou, fait entendre ces paroles lamentables […].

2. Traduction de M. Artaud (1842)

Ceux-ci, dès qu'ils entendent cette voix puissante, se retirent. Polyxène, lorsqu'elle eut entendu ces paroles souveraines, déchira sa robe jusqu'à la ceinture, et offrit à nos regards sa poitrine et sa gorge, semblable à celle d'une belle statue ; et, posant un genou en terre, elle prononça les paroles les plus touchantes.

❑❑❑❑❑❑❑ **3. Traduction de Nicole Loraux et François Rey (© Les Belles Lettres, 1999)**

Eux, entendant cette voix,
la voix de l'autorité souveraine, ils la relâchèrent,
et elle, ayant entendu la parole des maîtres,
saisissant ses voiles par l'épaule,
les déchira jusqu'à la hanche, à la hauteur du nombril,
montra ses seins et son buste, comme d'une statue,
splendide, puis, ayant mis un genou en terre,
elle tint ce discours, le plus héroïque en bravoure :

Entraînement au BAC

1 Langue. Analysez la forme χεροῖν, vers 526 et 527, et la forme λῦσαι au vers 539.

2 Traduction

a. Les deux premières traductions sont contemporaines ; laquelle a particulièrement vieilli et pourquoi ? Quel mot ont-elles toutes deux pudiquement évité de traduire ? Relevez au moins un faux-sens caractérisé dans chacune de ces deux traductions.

b. Comparez la traduction de τλημονέστατον (v. 562) dans les trois traductions. D'après la racine du mot donnée par le dictionnaire et d'après le contexte, indiquez le sens qui convient le mieux ici.

3 Analyse

a. Le récit de Talthybios s'adresse à un cercle de spectateurs (ceux qui assistent à la représentation d'*Hécube*) et met en scène le cercle de spectateurs qui assistent au sacrifice de Polyxène (v. 521-528). Comment appelle-t-on ce genre de construction ? Quel en est le but ?

b. Étudiez ce qui fait la solennité de la prière accompagnée de libations de Néoptolème ; quelle conception des morts trouve-t-on ici ? Notez le vocabulaire et essayez de comparer au sacrifice aux morts fait par Ulysse au chant XI de l'*Odyssée* ; quelles sont les ressemblances et les différences ?

c. Qu'est-ce qui transforme la jeune victime – Polyxène – en héroïne ? Dégagez les éléments successifs qui opèrent cette transformation.

d. Comparez le sacrifice de Polyxène tel qu'il est ici décrit au célèbre vase du British Museum le représentant, que vous trouverez facilement sur Internet.

4 Version. Traduisez les vers 534-542.

13. Plaintes d'Hécube

Vers 585-628 ➤ traduction p. 134-135

Hécube, après le récit de Talthybios, est partagée entre la fierté devant le comportement héroïque de sa fille et la douleur de l'avoir perdue. Elle se prépare à lui donner les soins funèbres.

Deuxième épisode, scène unique (fin) – Hécube, Talthybios, le chœur

ΕΚΑΒΗ

Ὦ θύγατερ, οὐκ οἶδ' εἰς ὅ τι βλέψω κακῶν,
πολλῶν παρόντων· ἢν γὰρ ἅψωμαί τινος,
τόδ' οὐκ ἐᾷ με, παρακαλεῖ δ' ἐκεῖθεν αὖ
λύπη τις ἄλλη διάδοχος κακῶν κακοῖς.
Καὶ νῦν τὸ μὲν σὸν ὥστε μὴ στένειν πάθος
οὐκ ἂν δυναίμην ἐξαλείψασθαι φρενός·
τὸ δ' αὖ λίαν παρεῖλες ἀγγελθεῖσά μοι
γενναῖος. Οὔκουν δεινόν, εἰ γῆ μὲν κακή
τυχοῦσα καιροῦ θεόθεν εὖ στάχυν φέρει,
χρηστὴ δ' ἁμαρτοῦσ' ὧν χρεὼν αὐτὴν τυχεῖν
κακὸν δίδωσι καρπόν, ἐν βροτοῖς δ' ἀεί
ὁ μὲν πονηρὸς οὐδὲν ἄλλο πλὴν κακός,
ὁ δ' ἐσθλὸς ἐσθλός, οὐδὲ συμφορᾶς ὕπο
φύσιν διέφθειρ', ἀλλὰ χρηστός ἐστ' ἀεί ;
Ἆρ' οἱ τεκόντες διαφέρουσιν ἢ τροφαί ;
Ἔχει γε τοί τι καὶ τὸ θρεφθῆναι καλῶς
δίδαξιν ἐσθλοῦ· τοῦτο δ' ἤν τις εὖ μάθῃ,
οἶδεν τό γ' αἰσχρόν, κανόνι τοῦ καλοῦ μαθών.
Καὶ ταῦτα μὲν δὴ νοῦς ἐτόξευσεν μάτην·

À Talthybios.

σὺ δ' ἐλθὲ καὶ σήμηνον Ἀργείοις τάδε,
μὴ θιγγάνειν μοι μηδέν', ἀλλ' εἴργειν ὄχλον
τῆς παιδός. Ἔν τοι μυρίῳ στρατεύματι
ἀκόλαστος ὄχλος ναυτική τ' ἀναρχία
κρείσσων πυρός, κακὸς δ' ὁ μή τι δρῶν κακόν.

Talthybios sort. S'adressant à une captive :

Σὺ δ' αὖ λαβοῦσα τεῦχος, ἀρχαία λάτρι,
βάψασ' ἔνεγκε δεῦρο ποντίας ἁλός,
ὡς παῖδα λουτροῖς τοῖς πανυστάτοις ἐμήν,
νύμφην τ' ἄνυμφον παρθένον τ' ἀπάρθενον,
λούσω προθῶμαί θ', ὡς μὲν ἀξία, πόθεν ;
οὐκ ἂν δυναίμην· ὡς δ' ἔχω· τί γὰρ πάθω ;
κόσμον τ' ἀγείρασ' αἰχμαλωτίδων πάρα,
αἵ μοι πάρεδροι τῶνδ' ἔσω σκηνωμάτων
ναίουσιν, εἴ τις τοὺς νεωστὶ δεσπότας
λαθοῦσ' ἔχει τι κλέμμα τῶν αὑτῆς δόμων.
Ὦ σχήματ' οἴκων, ὦ ποτ' εὐτυχεῖς δόμοι,
ὦ πλεῖστ' ἔχων κάλλιστά τ' εὐτεκνώτατε
Πρίαμε, γεραιά θ' ἥδ' ἐγὼ μήτηρ τέκνων,
ὡς ἐς τὸ μηδὲν ἥκομεν, φρονήματος
τοῦ πρὶν στερέντες. Εἶτα δῆτ' ὀγκούμεθα,
ὁ μέν τις ἡμῶν πλουσίοις ἐν δώμασιν,
ὁ δ' ἐν πολίταις τίμιος κεκλημένος.
Τὰ δ' οὐδέν· ἄλλως φροντίδων βουλεύματα
γλώσσης τε κόμποι. Κεῖνος ὀλβιώτατος,
ὅτῳ κατ' ἦμαρ τυγχάνει μηδὲν κακόν.

Hécube rentre dans la skènè.

VERS LE COMMENTAIRE

1 Retrouvez le plan de cette dernière tirade d'Hécube.

2 Précisez le sens de la comparaison faite par Hécube (v. 592-602) entre les hommes et les plantes. Cette méditation vous semble-t-elle bien venue ici ou surprenante ?

3 Dégagez ce qui fait le pathétique des derniers vers d'Hécube (v. 609-628).

14. Une folie qui a bouleversé le monde

Vers 629-656 **> traduction p. 136**

Brève lamentation du chœur sur la folie amoureuse de Pâris et ses funestes conséquences.

Deuxième *stasimon* – le chœur, Hécube

ΧΟΡΟΣ

Ἐμοὶ χρῆν συμφοράν, Str.
ἐμοὶ χρῆν πημονὰν γενέσθαι,
Ἰδαίαν ὅτε πρῶτον ὕλαν
Ἀλέξανδρος εἰλατίναν
ἐτάμεθ', ἅλιον ἐπ' οἶδμα ναυστολήσων
Ἑλένας ἐπὶ λέκτρα, τὰν
καλλίσταν ὁ χρυσοφαὴς
Ἅλιος αὐγάζει.
Πόνοι γὰρ καὶ πόνων Ant.
ἀνάγκαι κρείσσονες κυκλοῦνται·
κοινὸν δ' ἐξ ἰδίας ἀνοίας
κακὸν τᾷ Σιμουντίδι γᾷ
ὀλέθριον ἔμολε συμφορά τ' ἀπ' ἄλλων.
Ἐκρίθη δ' ἔρις, ἃν ἐν Ἴ-
δᾳ κρίνει τρισσὰς μακάρων
παῖδας ἀνὴρ βούτας,
ἐπὶ δορὶ καὶ φόνῳ καὶ ἐμῶν μελάθρων λώβᾳ· Ep.
στένει δὲ καί τις ἀμφὶ τὸν εὔροον Εὐρώταν
Λάκαινα πολυδάκρυτος ἐν δόμοις κόρα,
πολιάν τ' ἐπὶ κρᾶτα μάτηρ
τέκνων θανόντων
τίθεται χέρα δρύπτεταί τε παρειάν,
δίαιμον ὄνυχα τιθεμένα σπαραγμοῖς.

VERS LE COMMENTAIRE

1. Dans le premier *stasimon* (v. 444-483), le chœur évoquait l'avenir qui l'attendait. Qu'évoque-t-il ici ?
2. Quel rôle, selon le chœur, les dieux jouent-ils dans le malheur des hommes ?
3. Quel sentiment inattendu apparaît dans l'épode (v. 650-656) ? Rapprochez les paroles du chœur de celles d'Ulysse (v. 321-325). Le sentiment est-il exactement le même ?

15. Découverte du corps de Polydore

Vers 658-683 ➤ traduction p. 137-138

La vieille servante qu'Hécube avait envoyée puiser l'eau de la mer pour baigner le corps de Polyxène (v. 609) arrive, suivie de deux figurants portant sur une civière un corps recouvert d'un drap. Hécube découvre la mort de son fils.

Troisième épisode, scène 1 – Hécube, une servante, le chœur

ΘΕΡΑΠΑΙΝΑ
Γυναῖκες, Ἑκάβη ποῦ ποθ' ἡ παναθλία,
ἡ πάντα νικῶσ' ἄνδρα καὶ θῆλυν σποράν
κακοῖσιν ; Οὐδεὶς στέφανον ἀνθαιρήσεται.
ΧΟΡΟΣ
Τί δ', ὦ τάλαινα σῆς κακογλώσσου βοῆς ;
ὡς οὔποθ' εὕδει λυπρά σου κηρύγματα.
ΘΕ. Ἑκάβῃ φέρω τόδ' ἄλγος· ἐν κακοῖσι δέ
οὐ ῥᾴδιον βροτοῖσιν εὐφημεῖν στόμα.
ΧΟ. Καὶ μὴν περῶσα τυγχάνει δόμων ὕπο
ἥδ', ἐς δὲ καιρὸν σοῖσι φαίνεται λόγοις.

Hécube sort de la skènè.

ΘΕ. Ὦ παντάλαινα κἄτι μᾶλλον ἢ λέγω,
δέσποιν', ὄλωλας κοὐκέτ' εἶ βλέπουσα φῶς,
ἄπαις ἄνανδρος ἄπολις ἐξεφθαρμένη.
ΕΚΑΒΗ
Οὐ καινὸν εἶπας, εἰδόσιν δ' ὠνείδισας.
Ἀτὰρ τί νεκρὸν τόνδε μοι Πολυξένης
ἥκεις κομίζουσ', ἧς ἀπηγγέλθη τάφος
πάντων Ἀχαιῶν διὰ χερὸς σπουδὴν ἔχειν ;
ΘΕ. Ἥδ' οὐδὲν οἶδεν, ἀλλά μοι Πολυξένην
θρηνεῖ, νέων δὲ πημάτων οὐχ ἅπτεται.
ΕΚ. Οἲ 'γὼ τάλαινα· μῶν τὸ βακχεῖον κάρα
τῆς θεσπιῳδοῦ δεῦρο Κασάνδρας φέρεις ;

ΘΕ. Ζῶσαν λέλακας, τὸν θανόντα δ' οὐ στένεις
τόνδ'· ἀλλ' ἄθρησον σῶμα γυμνωθὲν νεκροῦ,
εἴ σοι φανεῖται θαῦμα καὶ παρ' ἐλπίδας.
ΕΚ. Οἴμοι, βλέπω δὴ παῖδ' ἐμὸν τεθνηκότα,
Πολύδωρον, ὅν μοι Θρῇξ ἔσῳζ' οἴκοις ἀνήρ.
'Απωλόμην δύστηνος, οὐκέτ' εἰμὶ δή.

VERS LE COMMENTAIRE

1 Le fantôme de Polydore a annoncé dans le prologue qu'Hécube doit découvrir son corps. Retrouvez dans cette scène les vers qui font écho au prologue.

2 La construction de la tragédie s'articule autour d'un changement (ἡ μετάβασις) qui commence le dénouement (ἡ λύσις). Quels sont les mots qui, dans cet extrait, mettent en évidence le changement ?

3 Relevez les termes qui évoquent les maux frappant Hécube. Quel sens peut-on donner au vers 683 ?

16. Lamentations sur le corps de Polydore

Vers 684-725 ➤ traduction p. 138-139

Hécube chante sa douleur devant le cadavre de son fils (ici commence un kommos[1]*).*

Troisième épisode, scène 1 (suite) – Hécube, une servante, le chœur

ΕΚΑΒΗ
Ὦ τέκνον τέκνον,
αἰαῖ, κατάρχομαι γόων,
βακχεῖον ἐξ ἀλάστορος
ἀρτιμαθῆ νόμον.

ΘΕΡΑΠΑΙΝΑ
Ἔγνως γὰρ ἄτην παιδός, ὦ δύστηνε σύ ;

ΕΚ. Ἄπιστ' ἄπιστα, καινὰ καινὰ δέρκομαι.
Ἕτερα δ' ἀφ' ἑτέρων κακὰ κακῶν κυρεῖ·
οὐδέ ποτ' ἀστένακτος ἀδάκρυτος ἁ-
μέρα [μ'] ἐπισχήσει.

ΧΟΡΟΣ
Δείν', ὦ τάλαινα, δεινὰ πάσχομεν κακά.

ΕΚ. Ὦ τέκνον τέκνον ταλαίνας ματρός,
τίνι μόρῳ θνῄσκεις,
τίνι πότμῳ κεῖσαι ;
πρὸς τίνος ἀνθρώπων ;

ΘΕ. Οὐκ οἶδ'· ἐπ' ἀκταῖς νιν κυρῶ θαλασσίαις.

ΕΚ. Ἔκβλητον, ἢ πέσημα φοινίου δορός,
ἐν ψαμάθῳ λευρᾷ ;

ΘΕ. Πόντου νιν ἐξήνεγκε πελάγιος κλύδων.

1. Le κομμός (nom d'action dérivé du verbe κόπτω : *frapper*) désigne l'action de se frapper la tête et la poitrine en signe de deuil. C'est un chant de deuil qui vient à la fois de la scène et du chœur. La lamentation d'Hécube est chantée, les interventions du chœur et de la servante sont parlées.

ΕΚ. Ὤμοι, αἰαῖ, ἔμαθον ἐνύπνιον ὀμμάτων
ἐμῶν ὄψιν, οὔ με παρέβα φάσ-
μα μελανόπτερον,
ἂν ἐσεῖδον ἀμφὶ σ',
ὦ τέκνον, οὐκέτ' ὄντα Διὸς ἐν φάει.
ΧΟ. Τίς γάρ νιν ἔκτειν' ; Οἶσθ' ὀνειρόφρων φράσαι ;
ΕΚ. 'Εμὸς ἐμὸς ξένος, Θρῄκιος ἱππότας,
ἵν' ὁ γέρων πατὴρ ἔθετό νιν κρύψας.
ΧΟ. Οἴμοι, τί λέξεις ; χρυσὸν ὡς ἔχοι κτανών ;
ΕΚ. Ἄρρητ' ἀνωνόμαστα, θαυμάτων πέρα,
οὐχ ὅσι' οὐδ' ἀνεκτά. Ποῦ δίκα ξένων ;
Ὦ κατάρατ' ἀνδρῶν, ὡς διεμοιράσω
χρόα, σιδαρέῳ τεμὼν φασγάνῳ
μέλεα τοῦδε παιδὸς οὐδ' ᾤκτίσω.
ΧΟ. Ὦ τλῆμον, ὥς σε πολυπονωτάτην βροτῶν
δαίμων ἔθηκεν ὅστις ἐστί σοι βαρύς.
'Αλλ' εἰσορῶ γὰρ τοῦδε δεσπότου δέμας
'Αγαμέμνονος, τοὐνθένδε σιγῶμεν, φίλαι.

VERS LE COMMENTAIRE

1. Quelles sont les deux révélations qu'Hécube fait au chœur ? Comment le spectateur les reçoit-il ?
2. Quelles sont les caractéristiques stylistiques du chant d'Hécube ? Sans s'attarder aux différents métriques, on relèvera les interrogations et les répétitions qui rythment ce chant.
3. Comment la violence de la souffrance d'Hécube s'exprime-t-elle ?

17. Agamemnon découvre l'étendue des malheurs d'Hécube

Vers 726-785 ➤ **traduction p. 139-142**

Agamemnon, déjà évoqué dans la première partie de la pièce, apparaît ici pour la première fois sur scène, en maître, face à Hécube, la reine devenue son esclave.

Troisième épisode, scène 2 (début) – Agamemnon, Hécube, le chœur

ΑΓΑΜΕΜΝΩΝ

Ἑκάβη, τί μέλλεις παῖδα σὴν κρύπτειν τάφῳ
ἐλθοῦσ', ἐφ' οἷσπερ Ταλθύβιος ἤγγειλέ μοι
μὴ θιγγάνειν σῆς μηδέν' Ἀργείων κόρης ;
Ἡμεῖς μὲν οὖν ἐῶμεν οὐδὲ ψαύομεν·
σὺ δὲ σχολάζεις, ὥστε θαυμάζειν ἐμέ.
Ἥκω δ' ἀποστελῶν σε· τἀκεῖθεν γὰρ εὖ
πεπραγμέν' ἐστίν — εἴ τι τῶνδ' ἐστὶν καλῶς.
Ἔα· τίν' ἄνδρα τόνδ' ἐπὶ σκηναῖς ὁρῶ
θανόντα Τρώων ; Οὐ γὰρ Ἀργεῖον πέπλοι
δέμας περιπτύσσοντες ἀγγέλλουσί μοι.

ΕΚΑΒΗ

Δύστην', ἐμαυτὴν γὰρ λέγω λέγουσα σέ,
Ἑκάβη, τί δράσω ; πότερα προσπέσω γόνυ
Ἀγαμέμνονος τοῦδ' ἢ φέρω σιγῇ κακά ;

ΑΓ. Τί μοι προσώπῳ νῶτον ἐγκλίνασα σόν
δύρῃ, τὸ πραχθὲν δ' οὐ λέγεις ; Τίς ἔσθ' ὅδε ;

ΕΚ. Ἀλλ', εἴ με δούλην πολεμίαν θ' ἡγούμενος
γονάτων ἀπώσαιτ', ἄλγος ἂν προσθείμεθ' ἄν.

ΑΓ. Οὔτοι πέφυκα μάντις, ὥστε μὴ κλύων
ἐξιστορῆσαι σῶν ὁδὸν βουλευμάτων.

ΕΚ. Ἆρ' ἐκλογίζομαί γε πρὸς τὸ δυσμενές
μᾶλλον φρένας τοῦδ', ὄντος οὐχὶ δυσμενοῦς ;

ΑΓ. Εἴ τοί με βούλῃ τῶνδε μηδὲν εἰδέναι,
ἐς ταὐτὸν ἥκεις· καὶ γὰρ οὐδ' ἐγὼ κλύειν.

Il fait mine de partir.

ΕΚ. Οὐκ ἂν δυναίμην τοῦδε τιμωρεῖν ἄτερ
τέκνοισι τοῖς ἐμοῖσι. Τί στρέφω τάδε ;
τολμᾶν ἀνάγκη, κἂν τύχω κἂν μὴ τύχω.

Elle se retourne et se jette aux pieds d'Agamemnon dans la posture du suppliant.

'Αγάμεμνον, ἱκετεύω σε τῶνδε γουνάτων
καὶ σοῦ γενείου δεξιάς τ' εὐδαίμονος.
ΑΓ. Τί χρῆμα μαστεύουσα ; μῶν ἐλεύθερον
αἰῶνα θέσθαι ; ῥᾴδιον γάρ ἐστί σοι.
ΕΚ. Οὐ δῆτα· τοὺς κακοὺς δὲ τιμωρουμένη
αἰῶνα τὸν σύμπαντα δουλεύειν θέλω.
ΑΓ. Καὶ δὴ τίν' ἡμᾶς εἰς ἐπάρκεσιν καλεῖς ;
ΕΚ. Οὐδέν τι τούτων ὧν σὺ δοξάζεις, ἄναξ.
Ὁρᾷς νεκρὸν τόνδ', οὗ καταστάζω δάκρυ ;
ΑΓ. Ὁρῶ· τὸ μέντοι μέλλον οὐκ ἔχω μαθεῖν.
ΕΚ. Τοῦτόν ποτ' ἔτεκον κἄφερον ζώνης ὕπο.
ΑΓ. Ἔστιν δὲ τίς σῶν οὗτος, ὦ τλῆμον, τέκνων ;
ΕΚ. Οὐ τῶν θανόντων Πριαμιδῶν ὑπ' Ἰλίῳ.
ΑΓ. Ἦ γάρ τιν' ἄλλον ἔτεκες ἢ κείνους, γύναι ;
ΕΚ. Ἀνόνητά γ', ὡς ἔοικε, τόνδ' ὃν εἰσορᾷς.
ΑΓ. Ποῦ δ' ὢν ἐτύγχαν', ἡνίκ' ὤλλυτο πτόλις ;
ΕΚ. Πατήρ νιν ἐξέπεμψεν ὀρρωδῶν θανεῖν.
ΑΓ. Ποῖ τῶν τότ' ὄντων χωρίσας τέκνων μόνον ;
ΕΚ. Ἐς τήνδε χώραν, οὗπερ ηὑρέθη θανών.
ΑΓ. Πρὸς ἄνδρ' ὃς ἄρχει τῆσδε Πολυμήστωρ χθονός ;
ΕΚ. Ἐνταῦθ' ἐπέμφθη πικροτάτου χρυσοῦ φύλαξ.
ΑΓ. Θνῄσκει δὲ πρὸς τοῦ καὶ τίνος πότμου τυχών ;
ΕΚ. Τίνος δ' ὑπ' ἄλλου ; Θρῄξ νιν ὤλεσε ξένος.
ΑΓ. Ὦ τλῆμον· ἦ που χρυσὸν ἠράσθη λαβεῖν ;
ΕΚ. Τοιαῦτ', ἐπειδὴ συμφορὰν ἔγνω Φρυγῶν.
ΑΓ. Ηὗρες δὲ ποῦ νιν ; ἢ τίς ἤνεγκεν νεκρόν ;
ΕΚ. Ἥδ', ἐντυχοῦσα ποντίας ἀκτῆς ἔπι.
ΑΓ. Τοῦτον ματεύουσ' ἢ πονοῦσ' ἄλλον πόνον ;
ΕΚ. Λούτρ' ᾤχετ' οἴσουσ' ἐξ ἁλὸς Πολυξένῃ.
ΑΓ. Κτανών νιν, ὡς ἔοικεν, ἐκβάλλει ξένος.
ΕΚ. Θαλασσόπλαγκτόν γ', ὧδε διατεμὼν χρόα.
ΑΓ. Ὦ σχετλία σὺ τῶν ἀμετρήτων πόνων.

ΕΚ. Ὄλωλα κοὐδὲν λοιπόν, Ἀγάμεμνον, κακῶν.
ΑΓ. Φεῦ φεῦ· τίς οὕτω δυστυχὴς ἔφυ γυνή ;

VERS LE COMMENTAIRE

1. En vous appuyant sur l'écriture de la scène (tirade, monologue, dialogue) et les indications scéniques qu'elle pose, distinguez trois grands mouvements dans ce texte.
2. Pourquoi, selon vous, Hécube hésite-t-elle à solliciter Agamemnon ? Quelle tactique utilise-t-elle finalement ?
3. Comment Agamemnon vous apparaît-il ici dans ses rapports avec Hécube ?
4. Quel est l'effet produit par la stichomythie ?

18. La prière d'Hécube

Vers 786-849 ➤ traduction p. 142-144

Dans un long plaidoyer, Hécube, devenue la suppliante d'Agamemnon, réclame son aide pour venger son fils.

Troisième épisode, scène 2 (suite) – Hécube, Agamemnon, le chœur

ΕΚΑΒΗ

Οὐκ ἔστιν, εἰ μὴ τὴν Τύχην αὐτὴν λέγοις.
'Αλλ' ὧνπερ οὕνεκ' ἀμφὶ σὸν πίπτω γόνυ
ἄκουσον. Εἰ μὲν ὅσιά σοι παθεῖν δοκῶ[1],
στέργοιμ' ἄν· εἰ δὲ τοὔμπαλιν, σύ μοι γενοῦ
τιμωρὸς ἀνδρός, ἀνοσιωτάτου ξένου,
ὃς οὔτε τοὺς γῆς νέρθεν οὔτε τοὺς ἄνω
δείσας δέδρακεν ἔργον ἀνοσιώτατον·
κοινῆς τραπέζης[2] πολλάκις τυχὼν ἐμοί
ξενίας[2] τ' ἀριθμῷ[3] πρῶτα τῶν ἐμῶν φίλων,
τυχὼν δ' ὅσων δεῖ καὶ λαβὼν προμηθίαν
ἔκτεινε, τύμβου δ', εἰ κτανεῖν ἐβούλετο,
οὐκ ἠξίωσεν, ἀλλ' ἀφῆκε πόντιον.
'Ημεῖς[4] μὲν οὖν δοῦλοί τε κἀσθενεῖς ἴσως·
ἀλλ' οἱ θεοὶ σθένουσι χὠ[5]κείνων κρατῶν
Νόμος· νόμῳ γὰρ τοὺς θεοὺς ἡγούμεθα
καὶ ζῶμεν ἄδικα καὶ δίκαι' ὡρισμένοι·
ὃς[6] ἐς σ' ἀνελθὼν εἰ διαφθαρήσεται,
καὶ μὴ δίκην δώσουσιν οἵτινες ξένους
κτείνουσιν ἢ θεῶν ἱερὰ τολμῶσιν φέρειν,
οὐκ ἔστιν οὐδὲν τῶν ἐν ἀνθρώποις ἴσον.
Ταῦτ' οὖν ἐν αἰσχρῷ θέμενος αἰδέσθητί με·
οἴκτιρον ἡμᾶς, ὡς γραφεύς[7] τ' ἀποσταθείς
ἰδοῦ με κἀνάθρησον οἷ' ἔχω κακά.
Τύραννος ἦ ποτ', ἀλλὰ νῦν δούλη σέθεν,
εὔπαις ποτ' οὖσα, νῦν δὲ γραῦς ἄπαις θ' ἅμα,

ἄπολις ἔρημος, ἀθλιωτάτη βροτῶν.

Agamemnon se détourne.

Οἴμοι τάλαινα, ποῖ μ' ὑπεξάγεις πόδα[8] ;
ἔοικα πράξειν οὐδέν· ὦ τάλαιν' ἐγώ.
Τί δῆτα θνητοὶ τἄλλα μὲν μαθήματα
μοχθοῦμεν ὡς χρὴ πάντα καὶ ματεύομεν,
Πειθὼ δὲ τὴν τύραννον ἀνθρώποις μόνην
οὐδέν τι μᾶλλον ἐς τέλος σπουδάζομεν
μισθοὺς διδόντες μανθάνειν, ἵν' ἦν[9] ποτε
πείθειν ἅ τις βούλοιτο τυγχάνειν θ'[10] ἅμα ;
Τί οὖν ἔτ' ἄν τις ἐλπίσαι πράξειν καλῶς ;
Οἱ μὲν γὰρ ὄντες παῖδες οὐκέτ' εἰσί μοι,
αὐτὴ δ' ἐπ' αἰσχροῖς αἰχμάλωτος οἴχομαι·
καπνὸν δὲ πόλεως τόνδ' ὑπερθρῴσκονθ' ὁρῶ.
Καὶ μήν ἴσως μὲν τοῦ λόγου κενὸν τόδε,
Κύπριν προβάλλειν· ἀλλ' ὅμως εἰρήσεται.
Πρὸς σοῖσι πλευροῖς παῖς ἐμὴ κοιμίζεται
ἡ φοιβάς, ἣν καλοῦσι Κασάνδραν Φρύγες.
Ποῦ τὰς φίλας δῆτ' εὐφρόνας δείξεις, ἄναξ,
ἢ τῶν ἐν εὐνῇ φιλτάτων ἀσπασμάτων
χάριν τίν' ἕξει παῖς ἐμή, κείνης δ' ἐγώ ;
Ἐκ τοῦ σκότου τε τῶν τε νυκτερησίων
φίλτρων μεγίστη γίγνεται βροτοῖς χάρις.
Ἄκουε δή νυν· τὸν θανόντα τόνδ' ὁρᾷς ;
τοῦτον καλῶς δρῶν ὄντα κηδεστὴν[11] σέθεν
δράσεις. Ἑνός μοι μῦθος ἐνδεὴς ἔτι.
Εἴ μοι γένοιτο φθόγγος ἐν βραχίοσιν
καὶ χερσὶ καὶ κόμαισι καὶ ποδῶν βάσει
ἢ Δαιδάλου[12] τέχναισιν ἢ θεῶν τινος,
ὡς πάνθ' ὁμαρτῇ σῶν ἔχοιντο γουνάτων
κλαίοντ', ἐπισκήπτοντα παντοίους λόγους.
Ὦ δέσποτ', ὦ μέγιστον Ἕλλησιν φάος,
πιθοῦ, παράσχες χεῖρα τῇ πρεσβύτιδι
τιμωρόν, εἰ καὶ μηδέν ἐστιν, ἀλλ' ὅμως.
Ἐσθλοῦ γὰρ ἀνδρὸς τῇ δίκῃ θ' ὑπηρετεῖν
καὶ τοὺς κακοὺς δρᾶν πανταχοῦ κακῶς ἀεί.

ΧΟΡΟΣ

Δεινόν γε θνητοῖς ὡς ἅπαντα συμπίτνει,
καὶ τὰς ἀνάγκας οἱ νόμοι διώρισαν,
φίλους τιθέντες τούς γε πολεμιωτάτους
ἐχθρούς τε τοὺς πρὶν εὐμενεῖς ποιούμενοι[13].

NOTES

1. **σοι παθεῖν δοκῶ** : s'il te semble que je... *(construction personnelle).*

2. **τραπέζης... ξενίας τ'** : *substantifs coordonnés et compléments de* **τυχών**.

3. **ἀριθμῷ** *porte sur* **πρῶτα** : au tout premier rang de mes amis.

4. **ἡμεῖς** : *pluriel de majesté ; on peut aussi penser que c'est la communauté humaine qui parle par la voix d'Hécube.*

5. **χὠ** : *crase pour* **καὶ ὁ (νόμος).**

6. **ὃς** : *renvoie à* **νόμος**, *sujet de* **εἰ διαφθαρήσεται**.

7. **ὡς γραφεύς τ' ἀποσταθείς** : te plaçant à distance comme un peintre. *Cette image unique chez Euripide suggère qu'on peut donner de loin une impression juste du sujet.*

8. *Agamemnon, troublé, ébauche un mouvement pour sortir.*

9. **ἦν** : *équivalent de* **ἐξῆν**, il serait possible *; l'imparfait marque l'irréalité de la démarche souhaitée. Mieux vaudrait toutefois conserver le subjonctif des manuscrits* (afin qu'il soit possible*) en accord avec la traduction proposée.*

10. **πείθειν... τυγχάνειν τε = πείθειν καὶ τυγχάνειν.**

11. **κηδεστὴν** : la relation de parenté par le mariage, le parent par alliance.

12. *Dédale avait réussi à donner à des statues l'apparence d'êtres animés ; elles voyaient et elles marchaient (Diodore de Sicile, IV, 76).*

13. Les lois (ou les coutumes) déterminent (*aoriste gnomique* : **διώρισαν**) différemment les obligations. *La loi qui impose à Hécube de punir le meurtrier de son fils lui fait une obligation de considérer comme un ami Agamemnon et de transformer en haine légitime son amitié ancienne pour Polymestor.*

Traduction des vers 824-832

❑❑❑❑❑❑❑ **1. Traduction de Leconte de Lisle (1884)**

Cependant, – peut-être est-il vain de mettre ici Kypris en avant ; mais la chose sera dite – auprès de ton flanc est couchée ma fille, l'inspirée de Phoibos, celle que les Phryges nomment Kasandra. Comment prouveras-tu, ô Roi, que ces nuits te sont douces ? Quelle gratitude auras-tu à ma fille des baisers très doux qu'elle te donne dans son lit, et quelle gratitude auras-tu pour moi à cause d'elle ? Car la plus grande reconnaissance naît chez les vivants de l'amour qu'ils goûtent dans l'obscurité des nuits.

❑❑❑❑❑❑❑ **2. Traduction de Louis Méridier (© Les Belles Lettres, 1927)**

Allons ! peut-être est-ce parole vaine que de mettre Cypris en avant ; n'importe ! je parlerai. À tes côtés repose ma fille, la prophétesse que les Phrygiens nomment Cassandre. Comment montreras-tu, seigneur, que ses nuits te sont chères ? Des étreintes d'amour que te donne sa couche quel gré aura ma fille, quel gré aurai-je d'elle ? C'est la nuit et ce sont les philtres qu'elle verse qui laissent aux mortels le plus de gratitude.

❑❑❑❑❑❑❑ **3. Traduction de Nicole Loraux et François Rey (© Les Belles Lettres, 1999)**

Maintenant, sans doute, c'est parler à vide
Que d'invoquer Cypris ; pourtant, ce sera dit.
À tes flancs dort mon enfant,
La prophétesse que les Phrygiens nomment Cassandre.
Où montreras-tu, seigneur que les nuits te sont chères ?
Des très chères étreintes qui se nouent dans ta couche
quelle gratitude aura ma fille ? Laquelle aurai-je d'elle ?
La suprême gratitude naît aux mortels
De l'ombre et des philtres nocturnes.

Entraînement au BAC

1 Langue. Analysez ἄκουσον (v. 788), γενοῦ (v. 789), αἰδέσθητι (v. 806), πιθοῦ (v. 842), παράσχες (v. 842).

2 Traduction

a. Que pensez-vous de la traduction du mot ἀσπασμάτων (v. 829) ?

b. Les traducteurs proposent deux traductions de la formule νυκτερησίων φίλτρων (v. 831-832). Pouvez-vous comprendre la différence ? Quelle traduction préférez-vous ?

3 Analyse

a. Quels sont les arguments successivement utilisés par Hécube ? Classez les ensembles lexicaux autour d'ὅσιος (v. 787, 790, 791) et de δίκαιος (v. 801). Comment organisent-ils l'argumentation d'Hécube ?

b. Étudiez l'éloge qui est fait de la Persuasion (v. 814-824). Est-ce seulement un éloge de l'enseignement des sophistes ?

c. Quelles indications scéniques trouve-t-on sur les réactions d'Agamemnon ?

d. Où a-t-on déjà entendu (et avec plus de rudesse) l'allusion au lien personnel de Cassandre avec Agamemnon ? Quel effet cet argument produit-il ?

e. Relevez les maximes dans le discours d'Hécube. Quelle efficacité ont-elles, d'après vous ?

4 Version. Traduisez les vers 798-805.

19. Agamemnon a pitié d'Hécube

Vers 850-904 ➤ traduction p. 144-146

Agamemnon accepte enfin de relever la suppliante ; mais il redoute encore d'agir lui-même contre Polymestor.

Troisième épisode, scène 2 (fin) – Agamemnon, Hécube, le chœur

ΑΓΑΜΕΜΝΩΝ

Ἐγὼ σὲ καὶ σὸν παῖδα καὶ τύχας σέθεν,
Ἑκάβη, δι' οἴκτου χεῖρά θ' ἱκεσίαν ἔχω,
καὶ βούλομαι θεῶν θ' οὕνεκ'[1] ἀνόσιον ξένον
καὶ τοῦ δικαίου[1] τήνδε σοι δοῦναι δίκην,
εἴ πως φανείη γ' ὥστε σοί τ'[2] ἔχειν καλῶς,
στρατῷ τε[2] μὴ δόξαιμι Κασάνδρας χάριν
Θρῄκης ἄνακτι τόνδε βουλεῦσαι φόνον.
Ἔστιν γὰρ ᾗ[3] ταραγμὸς ἐμπέπτωκέ μοι·
τὸν ἄνδρα τοῦτον φίλιον ἡγεῖται στρατός,
τὸν κατθανόντα δ' ἐχθρόν· εἰ δ' ἐμοὶ φίλος
ὅδ' ἐστί, χωρὶς[4] τοῦτο κοὐ κοινὸν στρατῷ.
Πρὸς ταῦτα φρόντιζ'· ὡς θέλοντα μέν μ' ἔχεις
σοὶ ξυμπονῆσαι καὶ ταχὺν προσαρκέσαι,
βραδὺν δ', Ἀχαιοῖς εἰ διαβληθήσομαι.

ΕΚΑΒΗ

Φεῦ·
οὐκ ἔστι θνητῶν ὅστις ἔστ' ἐλεύθερος·
ἢ χρημάτων γὰρ δοῦλός ἐστιν ἢ τύχης,
ἢ πλῆθος αὐτὸν πόλεος[5] ἢ νόμων γραφαὶ
εἴργουσι χρῆσθαι μὴ κατὰ γνώμην τρόποις[6].
Ἐπεὶ δὲ ταρβεῖς τῷ τ' ὄχλῳ πλέον νέμεις,
ἐγώ σε θήσω τοῦδ' ἐλεύθερον φόβου.
Σύνισθι[7] μὲν γάρ, ἤν τι βουλεύσω κακὸν
τῷ τόνδ' ἀποκτείναντι, συνδράσῃς δὲ μή.
Ἢν δ' ἐξ Ἀχαιῶν θόρυβος ἢ 'πικουρία[8]

πάσχοντος ἀνδρὸς Θρῃκὸς οἷα πείσεται[9]
φανῇ τις, εἶργε μὴ δοκῶν ἐμὴν χάριν[10].
Τὰ δ' ἄλλα — θάρσει — πάντ' ἐγὼ θήσω καλῶς.
ΑΓ. Πῶς οὖν ; τί δράσεις ; πότερα φάσγανον χερί
λαβοῦσα γραίᾳ φῶτα[11] βάρβαρον κτενεῖς,
ἢ φαρμάκοισιν ἢ 'πικουρίᾳ τινί ;
τίς σοι ξυνέσται χείρ ; πόθεν κτήσῃ φίλους ;
ΕΚ. Στέγαι κεκεύθασ'[12] αἵδε Τρῳάδων ὄχλον.
ΑΓ. Τὰς αἰχμαλώτους εἶπας, Ἑλλήνων ἄγραν ;
ΕΚ. Σὺν ταῖσδε τὸν ἐμὸν φονέα τιμωρήσομαι.
ΑΓ. Καὶ πῶς γυναιξὶν ἀρσένων ἔσται κράτος ;
ΕΚ. Δεινὸν[13] τὸ πλῆθος σὺν δόλῳ τε δύσμαχον.
ΑΓ. Δεινόν· τὸ μέντοι θῆλυ μέμφομαι γένος.
ΕΚ. Τί δ' ; οὐ γυναῖκες εἷλον Αἰγύπτου τέκνα[14]
καὶ Λῆμνον[15] ἄρδην ἀρσένων ἐξῴκισαν ;
'Αλλ' ὣς γενέσθω· τόνδε μὲν μέθες[16] λόγον,
πέμψον δέ μοι τήνδ' ἀσφαλῶς διὰ στρατοῦ
γυναῖκα[17]. — Καὶ σὺ Θρῃκὶ πλαθεῖσα ξένῳ
λέξον· Καλεῖ σ' ἄνασσα δή ποτ' 'Ιλίου
Ἑκάβη, σὸν οὐκ ἔλασσον ἢ κείνης χρέος,
καὶ παῖδας· ὡς δεῖ καὶ τέκν' εἰδέναι λόγους
τοὺς ἐξ ἐκείνης[18]. — Τὸν δὲ τῆς νεοσφαγοῦς
Πολυξένης ἐπίσχες, 'Αγάμεμνον, τάφον,
ὡς τώδ' ἀδελφὼ πλησίον μιᾷ φλογί,
δισσὴ μέριμνα μητρί, κρυφθῆτον χθονί.
ΑΓ. Ἔσται τάδ' οὕτω· καὶ γὰρ εἰ μὲν ἦν στρατῷ
πλοῦς, οὐκ ἂν εἶχον τήνδε σοι δοῦναι χάριν.
Νῦν δ', οὐ γὰρ ἵησ' οὐρίους πνοὰς θεός,
μένειν ἀνάγκη πλοῦν ὁρῶντας ἥσυχον.
Γένοιτο δ' εὖ πως· πᾶσι γὰρ κοινὸν τόδε,
ἰδίᾳ θ' ἑκάστῳ καὶ πόλει, τὸν μὲν κακόν
κακόν τι πάσχειν, τὸν δὲ χρηστὸν εὐτυχεῖν.

NOTES

1. *Mettre en relation* **θεῶν οὕνεκα** *et* **καὶ τοῦ δικαίου.**

2. *Bien mettre en relation* **σοί τ'** *et* **στρατῷ τε.**

3. **ᾗ** *(adverbe relatif de lieu)* : il y a un point sur lequel.

4. **χωρίς** : *adverbe.*

5. **πόλεος** = **πόλεως** ; *la forme s'explique par une nécessité métrique (il faut un dactyle au troisième pied).*

6. **χρῆσθαι τρόποις** : se conduire.

7. **Σύνισθι** : *2e pers. de l'impératif de* **σύνοιδα.**

8. Lire **ἐπικουρία.**

9. **πείσεται** : *3e pers. du sing. du futur de* **πάσχω.**

10. **ἐμὴν χάριν** : à cause de moi.

11. *Accusatif singulier de* **ὁ φώς, φωτός.**

12. *Lire* **κεκεύθασι** ; *ne pas oublier que le parfait se traduit par un présent (résultat d'une action passée).*

13. **Δεινὸν** *et* **δύσμαχον** : *attributs de* **τὸ πλῆθος.**

14. *Les cinquante filles de Danaos, les Danaïdes (à l'exception de la plus jeune), tuèrent, sur ordre de leur père, leurs époux les fils d'Égyptos, pendant leur nuit de noces.*

15. *Pour punir l'infidélité conjugale, les femmes de Lemnos tuèrent leurs époux et leurs pères.*

16. **μέθες** : *2e pers. de l'impératif aoriste de* **μεθίημι.**

17. *Hécube s'adresse à la servante.*

18. *Après la sortie de la servante, Hécube s'adresse à Agamemnon.*

Traduction des vers 883-897

❑❑❑❑❑❑❑ **1. Traduction de Leconte de Lisle (1884)**

AGAMEMNON. – Et comment des femmes triompheraient-elles des mâles ?

HÉCUBE. – Le grand nombre est terrible, et, à l'aide de la ruse, il est invincible.

AGAMEMNON. – Il est terrible, sans doute, mais je me défie de la race féminine.

HÉCUBE. – Quoi ! des femmes n'ont-elles pas tué les fils d'Aigyptos ? Des femmes n'ont-elles pas entièrement dépeuplé Lemnos de mâles ? Ne pense pas ainsi, et que cela soit. Envoie en sûreté cette femme à travers l'armée, et toi, t'approchant de l'hôte thrèkien, dis-lui : – Hékabè, qui fut autrefois reine d'Ilios, non moins dans ton intérêt que pour elle-même, t'appelle, toi et tes enfants, car il faut que tes enfants aussi sachent ce qu'elle veut te dire. – Toi, cependant, Agamemnôn, suspends la sépulture de Polyxénè nouvellement égorgée, afin que le frère et la sœur, double souci de leur mère, reposent, l'un près de l'autre sous la terre, ayant été consumés par le même feu.

❑❑❑❑❑❑❑ **2. Traduction de Marie Delcourt-Curvers (© Gallimard, 1962)**

AGAMEMNON. – Des femmes, comment l'emporter sur des mâles ?

HÉCUBE. – Le nombre est redoutable ; aidé par la ruse il est invincible.

AGAMEMNON. – C'est vrai, mais je fais peu de cas de la race des femmes.

HÉCUBE. – Et pourquoi ? Des femmes ont vaincu les fils d'Égyptos,
et dépeuplé Lemnos de tous ses mâles.
Laisse-moi faire, c'est assez parlé.
À cette femme, accorde sauvegarde pour traverser le camp.
Toi, va trouver l'hôte thrace et dis-lui :
« Celle qui fut reine d'Ilion,
Hécube, te demande, pour ton intérêt comme pour le sien,
de venir avec tes fils. Car il faut que ceux-ci entendent
ce qu'elle veut te dire. »
Pour la victime qu'on vient d'immoler,
Polyxène, suspends, Agamemnon, ses funérailles,
afin que le frère et la sœur, ensemble en un même bûcher,
double deuil pour leur mère, soient confiés à la terre.

❑❑❑❑❑❑❑ **3. Traduction de Nicole Loraux et François Rey (© Les Belles Lettres, 1999)**

AGAMEMNON
Comment des femmes prendront-elles le dessus sur des mâles ?
HÉCUBE
Terrible est le nombre, et la ruse le rend invincible.
AGAMEMNON
Terrible. Mais je condamne la race des femmes.
HÉCUBE
Quoi ? N'est-ce pas des femmes qui triomphèrent des fils d'Égyptos
et dépeuplèrent Lemnos jusqu'au dernier de ses mâles ?
Mais, faisons ainsi. Laisse ce discours, et elle,
cette femme, fais-la escorter à travers l'armée.
Toi, va, et parvenue près de l'hôte thrace,
dis-lui : « Celle qui fut reine d'Ilion, Hécube,
t'appelle, dans ton intérêt autant que dans le sien,
toi et tes enfants ; car tes enfants aussi doivent connaître
ce qu'elle a à te dire. » – Quant à la victime qui vient d'être égorgée,
Polyxène, suspends son enterrement, Agamemnon :
que le frère et la sœur, côte à côte dans la même flamme,
double objet du souci maternel, ensemble soient cachés en terre.

Entraînement au BAC

1 Langue

a. Analysez les formes τώδ' ἀδελφὼ (v. 896) et κρυφθῆτον (v. 897).

b. Expliquez l'emploi de Νῦν δ' au vers 900.

c. Expliquez la différence entre Ἔσται (v. 898) et Γένοιτο (v. 902).

2 Traduction

a. Comparez dans les trois textes proposés les traductions de :

– v. 885 : μέμφομαι ;

– v. 886 : εἷλον ;

– v. 894 : νεοσφαγοῦς ;

– v. 896 : μιᾷ φλογί ;

– v. 897 : κρυφθτῆτον χθονί.

b. Dans l'ensemble, quelle traduction préférez-vous ?

3 Analyse

a. Commentez les vers 852-853.

b. Comment comprenez-vous le trouble et les hésitations d'Agamemnon ?

c. Étudiez la force et l'habileté d'Hécube dans cette scène.

4 Version. Traduisez les vers 864-875.

20. Troisième *stasimon*

Vers 905-952 ➤ traduction p. 146-148

Le chœur chante la nuit de la prise de Troie telle que l'ont vécue les femmes. La voix narrative parle à la première personne du singulier.

Le chœur

ΧΟΡΟΣ
Σὺ μέν, ὦ πατρὶς Ἰλιάς, Str. 1.
τῶν ἀπορθήτων πόλις οὐκέτι λέξῃ·
τοῖον Ἑλλάνων νέφος ἀμφί σε κρύπτει
δορὶ δὴ δορὶ πέρσαν.
Ἀπὸ δὲ στεφάναν κέκαρ-
σαι πύργων, κατὰ δ' αἰθάλου
κηλῖδ' οἰκτροτάταν κέχρω-
σαι· τάλαιν',
οὐκέτι σ' ἐμβατεύσω.
Μεσονύκτιος ὠλλύμαν, Ant. 1.
ἦμος ἐκ δείπνων ὕπνος ἡδὺς ἐπ' ὄσσοις
σκίδναται, μολπᾶν δ' ἄπο καὶ χοροποιὸν
θυσίαν καταπαύσας
πόσις ἐν θαλάμοις ἔκει-
το, ξυστὸν δ' ἐπὶ πασσάλῳ,
ναύταν οὐκέθ' ὁρῶν ὅμι-
λον Τροίαν
Ἰλιάδ' ἐμβεβῶτα.
Ἐγὼ δὲ πλόκαμον ἀναδέτοις Str. 2.
μίτραισιν ἐρρυθμιζόμαν
χρυσέων ἐνόπτρων λεύσ-
σουσ' ἀτέρμονας εἰς αὐγάς,
ἐπιδέμνιος ὡς πέσοιμ' ἐς εὐνάν.
Ἀνὰ δὲ κέλαδος ἔμολε πόλιν·
κέλευμα δ' ἦν κατ' ἄστυ Τροί-

ας τόδ'· Ὦ
παῖδες Ἑλλάνων, πότε δὴ πότε τὰν
Ἰλιάδα σκοπιὰν
πέρσαντες ἥξετ' οἴκους ;
Λέχη δὲ φίλια μονόπεπλος Ant. 2.
λιποῦσα, Δωρὶς ὣς κόρα,
σεμνὰν προσίζουσ' οὐκ
ἤνυσ' Ἄρτεμιν ἁ τλάμων·
ἄγομαι δὲ θανόντ' ἰδοῦσ' ἀκοίταν
τὸν ἐμὸν ἅλιον ἐπὶ πέλαγος,
πόλιν τ' ἀποσκοποῦσ', ἐπεὶ
νόστιμον
ναῦς ἐκίνησεν πόδα καί μ' ἀπὸ γᾶς
ὥρισεν Ἰλιάδος·
τάλαιν', ἀπεῖπον ἄλγει·
τὰν τοῖν Διοσκόροιν Ἑλέναν κάσιν Ep.
Ἰδαῖόν τε βούταν
αἰνόπαριν κατάρᾳ
διδοῦσ', ἐπεί με γᾶς ἐκ
πατρῴας ἀπώλεσεν
ἐξῴκισέν τ' οἴκων γάμος, οὐ γάμος ἀλλ' ἀ-
λάστορός τις οἰζύς·
ἃν μήτε πέλαγος ἅλιον ἀπαγάγοι πάλιν,
μήτε πα-
τρῷον ἵκοιτ' ἐς οἶκον.

VERS LE COMMENTAIRE

1 Qu'a d'original cette évocation de la prise de Troie ? Correspond-elle aux images que nous connaissons ?

2 Nous entendons la voix d'une toute jeune mariée : quels sont les éléments du texte qui le montrent ?

3 Comment la captivité de cette jeune mariée est-elle évoquée ?

4 Épode (v. 943-951) : la jeune femme maudit Hélène et Pâris. Où avons-nous déjà entendu maudire Hélène ?

21. Arrivée de Polymestor, le meurtrier

Vers 953-997 ➤ traduction p. 148-150

Ici commence une très longue scène de confrontation entre la mère de la victime et le meurtrier : scène attendue, mais dont le déroulement et l'issue n'ont pas été annoncés par Polydore.

Quatrième épisode, scène unique (début) – Hécube, Polymestor, le chœur

ΠΟΛΥΜΗΣΤΩΡ

Ὦ φίλτατ' ἀνδρῶν Πρίαμε, φιλτάτη δὲ σύ,
Ἑκάβη, δακρύω σ' εἰσορῶν πόλιν τε σὴν
τήν τ' ἀρτίως θανοῦσαν ἔκγονον[1] σέθεν.
Φεῦ·
οὐκ ἔστι πιστὸν οὐδέν, οὔτ' εὐδοξία
οὔτ' αὖ καλῶς πράσσοντα μὴ πράξειν κακῶς.
Φύρουσι δ' αὐτὰ θεοὶ πάλιν τε καὶ πρόσω
ταραγμὸν ἐντιθέντες, ὡς ἀγνωσίᾳ[2]
σέβωμεν αὐτούς. 'Αλλὰ ταῦτα μὲν τί δεῖ
θρηνεῖν, προκόπτοντ' οὐδὲν ἐς πρόσθεν κακῶν ;
Σὺ δ', εἴ τι μέμφῃ τῆς ἐμῆς ἀπουσίας,
σχές· τυγχάνω γὰρ ἐν μέσοις Θρῄκης ὅροις
ἀπών, ὅτ' ἦλθες δεῦρ'· ἐπεὶ δ' ἀφικόμην,
ἤδη πόδ' ἔξω δωμάτων αἴροντί μοι
ἐς ταὐτὸν ἥδε συμπίτνει δμωὶς σέθεν,[3]
λέγουσα μύθους ὧν κλύων[4] ἀφικόμην.

ΕΚΑΒΗ

Αἰσχύνομαί σε προσβλέπειν ἐναντίον,
Πολυμῆστορ, ἐν τοιοῖσδε κειμένη κακοῖς.
Ὅτῳ[5] γὰρ ὤφθην εὐτυχοῦσ', αἰδώς μ' ἔχει
ἐν τῷδε πότμῳ τυγχάνουσ' ἵν'[6] εἰμὶ νῦν,
κοὐκ ἂν δυναίμην προσβλέπειν ὀρθαῖς κόραις.
'Αλλ' αὐτὸ μὴ δύσνοιαν ἡγήσῃ σέθεν,
Πολυμῆστορ· ἄλλως δ' αἴτιόν τι καὶ νόμος,
γυναῖκας ἀνδρῶν μὴ βλέπειν ἐναντίον.

ΠΛ. Καὶ θαῦμά γ' οὐδέν. 'Αλλὰ τίς χρεία σ' ἐμοῦ ;
τί χρῆμ' ἐπέμψω τὸν ἐμὸν ἐκ δόμων πόδα ;
ΕΚ. Ἴδιον ἐμαυτῆς δή τι πρὸς σὲ βούλομαι
καὶ παῖδας εἰπεῖν σούς· ὀπάονας δέ μοι
χωρὶς κέλευσον τῶνδ' ἀποστῆναι δόμων.
ΠΛ. Χωρεῖτ'· ἐν ἀσφαλεῖ γὰρ ἥδ' ἐρημία.
Φίλη μὲν εἶ σύ, προσφιλὲς δέ μοι τόδε
στράτευμ' 'Αχαιῶν[7]. 'Αλλὰ σημαίνειν σὲ χρῆν[8]
τί χρὴ τὸν εὖ πράσσοντα μὴ πράσσουσιν εὖ
φίλοις ἐπαρκεῖν· ὡς ἕτοιμός εἰμ' ἐγώ.
ΕΚ. Πρῶτον μὲν εἰπὲ παῖδ' ὃν ἐξ ἐμῆς χερός
Πολύδωρον ἔκ τε πατρὸς ἐν δόμοις ἔχεις,
εἰ ζῇ· τὰ δ' ἄλλα δεύτερόν σ' ἐρήσομαι.
ΠΛ. Μάλιστα· τοὐκείνου μὲν εὐτυχεῖς μέρος.
ΕΚ. Ὦ φίλταθ', ὡς εὖ κἀξίως λέγεις σέθεν.
ΠΛ. Τί δῆτα βούλῃ δεύτερον μαθεῖν ἐμοῦ ;
ΕΚ. Εἰ τῆς τεκούσης τῆσδε μέμνηταί τί μου.
ΠΛ. Καὶ δεῦρό γ' ὡς σὲ κρύφιος ἐζήτει μολεῖν.
ΕΚ. Χρυσὸς δὲ σῶς ὃν ἦλθεν ἐκ Τροίας ἔχων ;
ΠΛ. Σῶς, ἐν δόμοις γε τοῖς ἐμοῖς φρουρούμενος.
ΕΚ. Σῶσόν νυν αὐτὸν μηδ' ἔρα τῶν πλησίον.
ΠΛ. Ἥκιστ'· ὀναίμην τοῦ παρόντος, ὦ γύναι.

NOTES

1. *Polymestor, en arrivant, a sans doute aperçu le corps de Polyxène.*

2. *Note du scholiaste :* « dans l'ignorance de l'avenir où sont les hommes ».

3. **σέθεν** = **σοῦ**.

4. **κλύω** : entendre, *construit avec le génitif de la chose.*

5. Avec celui qui m'a vue jadis…

6. *Adverbe relatif de lieu.*

7. *Note du scholiaste :* « parce qu'il n'a pas combattu aux côtés des Troyens ». *Voir aussi vers 858 : Agamemnon expliquant le point de vue de l'armée sur Polymestor.*

8. **χρῆν** : *valeur de potentiel.*

Traduction des vers 991-997

❑ ❑ ❑ ❑ ❑ ❑ ❑ **1. Traduction de Leconte de Lisle (1884)**

POLYMESTOR. – Que veux-tu encore apprendre de moi ?
HÉCUBE. – Se souvient-il encore de moi qui l'ai enfanté ?
POLYMESTOR. – Certes, et il voulait même venir ici en secret vers toi.
HÉCUBE. – Et l'or qu'il possédait quand il vint de Troia, est-il sauf ?
POLYMESTOR. – Sauf, assurément, puisqu'il est gardé dans mes demeures.
HÉCUBE. – Conserve-le donc, et ne désire pas les choses qui te sont confiées.
POLYMESTOR. – Non, non ! puissé-je jouir uniquement de ce que je possède, ô femme !

❑ ❑ ❑ ❑ ❑ ❑ ❑ **2. Traduction de Louis Méridier (© Les Belles Lettres, 1927)**

POLYMESTOR. – Que veux-tu donc encore apprendre de ma bouche ?
HÉCUBE. – Se souvient-il de moi, qui lui donnai le jour ?
POLYMESTOR. – Oui, et même il cherchait à te joindre en cachette.
HÉCUBE. – L'or est-il sauf, qu'il avait apporté de Troie ?
POLYMESTOR. – Sauf, oui. Dans ma demeure il est sous bonne grade.
HÉCUBE. – Conserve-le sans convoiter le bien d'autrui.
POLYMESTOR. – Jamais ! Mon vœu est de jouir de ce que j'ai.

❑ ❑ ❑ ❑ ❑ ❑ ❑ **3. Traduction de Marie Delcourt-Curvers (© Gallimard, 1962)**

POLYMESTOR. – Et que veux-tu apprendre ensuite ?
HÉCUBE. – Se souvient-il un peu de moi, sa mère ?
POLYMESTOR. – Il voulait même jusqu'ici venir à la dérobée pour te voir.
HÉCUBE. – Et l'or est sauf qu'il emporta de Troie ?
POLYMESTOR. – En sûreté dans mon palais, sous bonne garde.
HÉCUBE. – Conserve-le, sans convoiter le bien d'autrui.
POLYMESTOR. – Je n'y pense pas. Ce qui m'appartient me suffit.

Entraînement au BAC

1 Langue (vocabulaire)

a. Quel sens la formule εὖ πράττειν (v. 984) a-t-elle ? Comment pouvez-vous rendre le vers 984 dans son ensemble ?

b. Analysez la forme verbale ὀναίμην au vers 997 et précisez la portée du mode verbal.

2 Traduction

a. Regardez la traduction de Leconte de Lisle et comparez-la aux traductions modernes. Que remarquez-vous ?

b. Que pensez-vous de la traduction de σῶς dans les vers 994 à 996 ? Auriez-vous d'autres idées ?

3 Analyse. Nous allons travailler sur les non-dits du texte.

a. Quel effet les protestations d'amitié de Polymestor produisent-elles sur Hécube ?

b. Comment Hécube mène-t-elle l'entretien ? Comment expose-t-elle au grand jour le mensonge de Polymestor ?

c. Quel est l'intérêt dramatique des propos de Polymestor ? Qu'annoncent-ils pour la suite ?

4 Version. Traduisez les vers 968-975.

22. La ruse d'Hécube

Vers 998-1022 > traduction p. 150-151

Hécube appâte Polymestor et le conduit avec ses fils à l'intérieur de la tente des captives troyennes.

Quatrième épisode, scène unique (fin) – Hécube, Polymestor, le chœur

ΕΚΑΒΗ
Οἶσθ' οὖν ἃ λέξαι σοί τε καὶ παισὶν θέλω ;
ΠΟΛΥΜΗΣΤΩΡ
Οὐκ οἶδα· τῷ σῷ τοῦτο σημανεῖς λόγῳ.
ΕΚ. Ἔστ', ὦ φιληθεὶς ὡς σὺ νῦν ἐμοὶ φιλῇ,
ΠΛ. Τί χρῆμ' ὃ κἀμὲ καὶ τέκν' εἰδέναι χρεών ;
ΕΚ. χρυσοῦ παλαιαὶ Πριαμιδῶν κατώρυχες.
ΠΛ. Ταῦτ' ἔσθ' ἃ βούλῃ παιδὶ σημῆναι σέθεν ;
ΕΚ. Μάλιστα, διὰ σοῦ γ'· εἶ γὰρ εὐσεβὴς ἀνήρ.
ΠΛ. Τί δῆτα τέκνων τῶνδε δεῖ παρουσίας ;
ΕΚ. Ἄμεινον, ἢν σὺ κατθάνῃς, τούσδ' εἰδέναι.
ΠΛ. Καλῶς ἔλεξας· τῇδε καὶ σοφώτερον.
ΕΚ. Οἶσθ' οὖν Ἀθάνας Ἰλίας ἵνα στέγαι ;
ΠΛ. Ἐνταῦθ' ὁ χρυσός ἐστι ; σημεῖον δὲ τί ;
ΕΚ. Μέλαινα πέτρα γῆς ὑπερτέλλουσ' ἄνω.
ΠΛ. Ἔτ' οὖν τι βούλῃ τῶν ἐκεῖ φράζειν ἐμοί ;
ΕΚ. Σῶσαί σε χρήμαθ' οἷς συνεξῆλθον θέλω.
ΠΛ. Ποῦ δῆτα ; πέπλων ἐντὸς ἢ κρύψασ' ἔχεις ;
ΕΚ. Σκύλων ἐν ὄχλῳ ταῖσδε σῴζεται στέγαις.
ΠΛ. Ποῦ δ' ; αἵδ' Ἀχαιῶν ναύλοχοι περιπτυχαί.
ΕΚ. Ἴδιαι γυναικῶν αἰχμαλωτίδων στέγαι.
ΠΛ. Τἄνδον δὲ πιστὰ κἀρσένων ἐρημία ;
ΕΚ. Οὐδεὶς Ἀχαιῶν ἔνδον, ἀλλ' ἡμεῖς μόναι.
Ἀλλ' ἕρπ' ἐς οἴκους· καὶ γὰρ Ἀργεῖοι νεῶν
λῦσαι ποθοῦσιν οἴκαδ' ἐκ Τροίας πόδα·
ὡς πάντα πράξας ὧν σε δεῖ στείχῃς πάλιν
ξὺν παισὶν οὗπερ τὸν ἐμὸν ᾤκισας γόνον.

VERS LE COMMENTAIRE

1 Qu'est-ce qui rassure Polymestor ?

2 Comment Hécube joue-t-elle sur la cupidité de Polymestor ?

3 Quelles formules menaçantes pouvons-nous entendre dans le discours d'Hécube ?

23. La vengeance d'Hécube

Vers 1024-1055 ➤ traduction p. 151-152

Depuis l'espace clos de la skènè, *invisible aux spectateurs, parviennent les cris de Polymestor cruellement châtié, comme le confirme Hécube qui en sort.*

Bref chant du chœur et *exodos*, scène 1 – le chœur, Polymestor, Hécube

ΧΟΡΟΣ
Οὔπω δέδωκας, ἀλλ' ἴσως δώσεις δίκην·
ἀλίμενόν τις ὡς εἰς ἄντλον πεσὼν
λέχριος ἐκπεσῇ φίλας καρδίας,
ἀμέρσας βίον. Τὸ γὰρ ὑπέγγυον
δίκᾳ καὶ θεοῖσιν οὐ συμπίτνει,
ὀλέθριον ὀλέθριον κακόν.
Ψεύσει σ' ὁδοῦ τῆσδ' ἐλπὶς ἥ σ' ἐπήγαγεν
θανάσιμον πρὸς Ἅιδαν, ἰὼ τάλας·
ἀπολέμῳ δὲ χειρὶ λείψεις βίον.

Des cris retentissent à l'intérieur de la skènè.

ΠΟΛΥΜΗΣΤΩΡ
‹ἔσωθεν›
Ὤμοι, τυφλοῦμαι φέγγος ὀμμάτων τάλας.
ΧΟ. Ἠκούσατ' ἀνδρὸς Θρῃκὸς οἰμωγήν, φίλαι ;
ΠΛ. Ὤμοι μάλ' αὖθις, τέκνα, δυστήνου σφαγῆς.
ΧΟ. Φίλαι, πέπρακται καίν' ἔσω δόμων κακά.
ΠΛ. Ἀλλ' οὔτι μὴ φύγητε λαιψηρῷ ποδί·
βάλλων γὰρ οἴκων τῶνδ' ἀναρρήξω μυχούς.
Ἰδού, βαρείας χειρὸς ὁρμᾶται βέλος.
ΧΟ. Βούλεσθ' ἐπεσπέσωμεν ; ὡς ἀκμὴ καλεῖ
Ἑκάβῃ παρεῖναι Τρῳάσιν τε συμμάχους.

Hécube sort de la skènè.

ΕΚΑΒΗ

Ἄρασσε, φείδου μηδέν, ἐκβάλλων πύλας·
οὐ γάρ ποτ' ὄμμα λαμπρὸν ἐνθήσεις κόραις,
οὐ παῖδας ὄψῃ ζῶντας οὓς ἔκτειν' ἐγώ

ΧΟ. Ἦ γὰρ καθεῖλες Θρῇκα καὶ κρατεῖς ξένον,
δέσποινα, καὶ δέδρακας οἷάπερ λέγεις ;

ΕΚ. Ὄψῃ νιν αὐτίκ' ὄντα δωμάτων πάρος
τυφλὸν τυφλῷ στείχοντα παραφόρῳ ποδί,
παίδων τε δισσῶν σώμαθ', οὓς ἔκτειν' ἐγὼ
σὺν ταῖς ἀρίσταις Τρῳάσιν· δίκην δέ μοι
δέδωκε. Χωρεῖ δ', ὡς ὁρᾷς, ὅδ' ἐκ δόμων.
Ἀλλ' ἐκποδὼν ἄπειμι κἀποστήσομαι
θυμῷ ῥέοντι Θρῃκὶ δυσμαχωτάτῳ.

VERS LE COMMENTAIRE

1 Dégagez et analysez les différents moments de la prise de parole du chœur.

2 Étudiez les cris de Polymestor.

3 Quel rôle Hécube joue-t-elle dans cette scène ?

4 Comment le combat est-il présenté ?

24. Un terrible châtiment

Vers 1056-1108 ➤ traduction p. 152-154

Polymestor se présente aveugle, et vacillant.
Il chante sa douleur et sa rage, seul face au chœur.

Exodos, scène 2 – Polymestor, le chœur
Monodie de Polymestor

ΠΟΛΥΜΗΣΤΩΡ

Ὤμοι ἐγώ, πᾷ βῶ,
πᾷ[1] στῶ, πᾷ κέλσω ;
Τετράποδος βάσιν θηρὸς ὀρεστέρου,
τιθέμενος ἐπὶ ποδὶ κατ' ἴχνος χέρα[2] ;
Ποίαν ἢ ταύταν ἢ τάνδ'
ἐξαλλάξω, τὰς
ἀνδροφόνους μάρψαι χρῄζων 'Ιλιάδας,
αἵ με διώλεσαν ;
Τάλαιναι κόραι τάλαιναι Φρυγῶν,
ὦ κατάρατοι,
ποῖ καί με φυγᾷ πτώσσουσι μυχῶν[3] ;
Εἴθε μοι ὀμμάτων αἱματόεν βλέφαρον
ἀκέσαι' ἀκέσαιο τυφλόν, Ἅλιε[4],
φέγγος ἀπαλλάξας.
Ἆ ἆ,
σίγα· κρυπτὰν βάσιν αἰσθάνομαι
τάνδε γυναικῶν. Πᾷ πόδ' ἐπᾴξας
σαρκῶν ὀστέων τ' ἐμπλησθῶ,
θοίναν ἀγρίων θηρῶν τιθέμενος,
ἀρνύμενος λώβαν
λύμας ἀντίποιν' ἐμᾶς ; ὢ τάλας.
Ποῖ πᾷ φέρομαι τέκν' ἔρημα λιπὼν
Βάκχαις Ἅιδου[5] διαμοιρᾶσαι[6],
σφακτὰ κυσίν τε φοινίαν δαῖτ' ἀνή-
μερον τ' οὐρείαν ἐκβολάν ;

Πᾷ στῶ, πᾷ κάμψω, [πᾷ βῶ,]
ναῦς ὅπως ποντίοις πείσμασιν λινόκροκον
φᾶρος στέλλων[7], ἐπὶ τάνδε συθεὶς
τέκνων ἐμῶν φύλαξ ὀλέθριον κοίταν ;

ΧΟΡΟΣ

Ὦ τλῆμον, ὥς σοι δύσφορ' εἴργασται κακά·
Δράσαντι δ' αἰσχρὰ δεινὰ τἀπιτίμια
[δαίμων ἔδωκεν ὅστις ἐστί σοι βαρύς].

ΠΛ. Αἰαῖ, ἰὼ Θρῄκης
λογχοφόρον ἔνοπλον εὔιππον Ἄ-
ρει κάτοχον γένος.
Ἰὼ Ἀχαιοί, ἰὼ Ἀτρεῖδαι·
βοὰν βοὰν αὐτῶ, βοάν·
ὢ ἴτε· μόλετε πρὸς θεῶν.
Κλύει τις ἢ οὐδεὶς ἀρκέσει ; τί μέλλετε ;
Γυναῖκες ὤλεσάν με,
γυναῖκες αἰχμαλωτίδες·
δεινὰ δεινὰ πεπόνθαμεν.
Ὤμοι ἐμᾶς λώβας[8].
Ποῖ τράπωμαι, ποῖ πορευθῶ ;
[αἰθέρ'] ἀμπτάμενος οὐράνιον
ὑψιπετὲς ἐς μέλαθρον,
Ὠρίων ἢ Σείριος[9] ἔνθα πυρὸς φλογέας ἀφίη-
σιν ὄσσων αὐγάς, ἢ τὸν ἐς Ἀίδα
μελάγχρωτα πορθμὸν ᾄξω τάλας[10] ;

ΧΟ. Συγγνώσθ'[11], ὅταν τις κρείσσον' ἢ φέρειν κακά
πάθη, ταλαίνης ἐξαπαλλάξαι ζόης.

NOTES

1. **πᾷ** = **πῇ** ; *les formes en dorien littéraire gardent le* **α**, *là ou l'ionien-attique écrit* **η** *(rappel).*

2. *Le texte est incertain ; si le texte adopté ici est le bon, il faut imaginer Polymestor se traînant à quatre pattes.*

3. *Il faut construire* **ποῖ μυχῶν**.

4. *Pour les Grecs, tout œil avait une lumière qui lui était donnée par la clarté extérieure. L'œil est apparenté au soleil (Platon parle de* **ὄψις ἡλιοειδής** *au livre VI, 508b de* La République). *Polymestor pense que le Soleil peut rallumer l'œil aveugle.*

5. **Βάκχαις Ἅιδου** : ces femmes possédées d'une fureur meurtrière. *Euripide emploie la même formule* **Ἅιδου Βάκχος** *pour parler du délire sous l'empire duquel Héraclès tue sa femme et ses enfants. Au vers 1905, noter l'absence d'aspiration sur* **Ἀίδα** *(autre forme poétique).*

6. **διαμοιρᾶσαι** : *infinitif de but. Ce même verbe est utilisé par Hécube au vers 716 pour parler de ce qu'a fait Polymestor à Polydore :* comme tu as dépecé sa chair (**ὡς διεμοιράσω χρόα**).

7. **στέλλων** : *participe présent au nominatif masculin singulier, ne peut s'appliquer qu'à Polymestor sujet de la proposition* En rassemblant mes vêtements de lin comme un navire cargue ses voiles avec des câbles marins.

8. **ἐμᾶς λώβας** : *génitif exclamatif (gén. singulier).*

9. *Orion (son nom signifie* celui qui habite la montagne*) est un chasseur géant qui, aveuglé, retrouva la vue grâce à Hélios. Avec son chien Sirius (***σείριος** *signifie* l'ardent ; *il personnifie la canicule), il compose la constellation la plus brillante de notre ciel.*

Il est intéressant de voir que ces deux étoiles sont en rapport avec le thème de la chasse en montagne.

L'autre intérêt de cette image c'est qu'elle préfigure la transformation finale d'Hécube : Tu deviendras une chienne aux regards de feu *(v. 1265).*

10. *On retrouve ces mêmes motifs dans les paroles d'Héraclès sortant de sa folie meurtrière et parlant de* courir à la falaise et [se] précipiter ou livrer [son] corps à la flamme pour échapper à la vie de honte qui [l'] attend *(v. 1157-1158) ou dans celles de Jason condamnant Médée :* Il lui faudrait se cacher sous la terre ou bien avoir des ailes et s'envoler en haut du ciel.

11. **Συγγνώσθ' = συγγνωστ(ά) ἐστι** : *construit avec un infinitif,* c'est chose pardonnable que...

Traduction des vers 1080-1084

❑ ❑ ❑ ❑ ❑ ❑ ❑

1. Traduction de Leconte de Lisle (1884)

Où m'arrêter ? Où marcher ? Où tourner ? Et, comme une nef qui serre ses voiles de lin à l'aide des manœuvres, où m'élancer pour garder mes enfants sur leur lit funeste ?

❑ ❑ ❑ ❑ ❑ ❑ ❑

2. Traduction de Louis Méridier (© Les Belles Lettres, 1927)

Où m'arrêter ? Où plier le genou, [où aller ?] carguant comme un navire, avec les cordages marins, la voile au tissu de lin, après avoir gagné d'un bond, pour le veiller, le gîte de mort où reposent mes enfants ?

❑ ❑ ❑ ❑ ❑ ❑ ❑

3. Traduction de Nicole Loraux et François Rey (© Les Belles Lettres, 1999)

Où m'arrêter ? Où faire halte, pareil au navire dont les cordages carguent la voile tissée de lin, après que j'aurai bondi vers la couche funèbre de mes enfants, pour y monter la garde ?

Entraînement au BAC

1 Langue

a. Analysez et donnez la valeur du verbe ἔδωκεν au vers 1087.

b. Quels sont la valeur et le sens de la construction κρείσσον' ἢ φέρειν κακά au vers 1107 ?

2 Traduction

a. Comment comprenez-vous la comparaison avec le navire qui cargue ses voiles ? Quelle est la difficulté de la traduction de cette image ?

b. Le terme κοίτη (v. 1084) signifie *la couche, l'endroit où se couche un animal, le gîte.* Comparez les trois traductions proposées. Auriez-vous d'autres idées ?

3 Analyse

a. Quels sont les éléments pathétiques de cette apparition de Polymestor ? À quel autre personnage tragique fait-il penser ?

b. Relevez et expliquez les images de la monodie.

c. Quel sens les propos du chœur ont-ils ?

4 Version. Traduisez les vers 1088-1099.

25. Intervention d'Agamemnon

Vers 1109-1131 ➤ traduction p. 154-155

Après avoir pris connaissance de la situation,
Agamemnon propose d'écouter les deux parties.

***Exodos*, scène 3 (début) – Agamemnon, Polymestor, Hécube, le chœur**

ΑΓΑΜΕΜΝΩΝ
Κραυγῆς ἀκούσας ἦλθον· οὐ γὰρ ἥσυχος
πέτρας ὀρείας παῖς λέλακ' ἀνὰ στρατὸν
Ἠχὼ διδοῦσα θόρυβον· εἰ δὲ μὴ Φρυγῶν
πύργους πεσόντας ᾖσμεν Ἑλλήνων δορί,
φόβον παρέσχεν οὐ μέσως ὅδε κτύπος.
ΠΟΛΥΜΗΣΤΩΡ
Ὦ φίλτατ'· ᾐσθόμην γάρ, Ἀγάμεμνον, σέθεν
φωνῆς ἀκούσας· εἰσορᾷς ἃ πάσχομεν ;
ΑΓ. Ἔα·
Πολυμῆστορ ὦ δύστηνε, τίς σ' ἀπώλεσεν ;
τίς ὄμμ' ἔθηκε τυφλὸν αἱμάξας κόρας,
παῖδάς τε τούσδ' ἔκτεινεν ; Ἦ μέγαν χόλον
σοὶ καὶ τέκνοισιν εἶχεν ὅστις ἦν ἄρα.
ΠΛ. Ἑκάβη με σὺν γυναιξὶν αἰχμαλωτίσιν
ἀπώλεσ' — οὐκ ἀπώλεσ', ἀλλὰ μειζόνως.
ΑΓ. Τί φῄς ; Σὺ τοὔργον εἴργασαι τόδ', ὡς λέγει ;
σὺ τόλμαν, Ἑκάβη, τήνδ' ἔτλης ἀμήχανον ;
ΠΛ. Ὤμοι, τί λέξεις ; ἦ γὰρ ἐγγύς ἐστί που ;
Σήμηνον, εἰπὲ ποῦ 'σθ', ἵν' ἁρπάσας χεροῖν
διασπάσωμαι καὶ καθαιμάξω χρόα.
ΑΓ. Οὗτος, τί πάσχεις ;
ΠΛ. Πρὸς θεῶν σε λίσσομαι,
μέθες μ' ἐφεῖναι τῇδε μαργῶσαν χέρα.
ΑΓ. Ἴσχ'· ἐκβαλὼν δὲ καρδίας τὸ βάρβαρον
λέγ', ὡς ἀκούσας σοῦ τε τῆσδέ τ' ἐν μέρει
κρίνω δικαίως ἀνθ' ὅτου πάσχεις τάδε.

VERS LE COMMENTAIRE

1 Relevez et analysez les éléments de mise en scène (ou didascalies).

2 Comment Agamemnon est-il présenté dans ce texte ?

3 Commentez la formule du vers 1129, ἐκβαλὼν δὲ καρδίας τὸ βάρβαρον.

26. Le plaidoyer de Polymestor

Vers 1132-1186 > traduction p. 155-157

Comme l'a demandé Agamemnon, Polymestor parle le premier dans cet ἀγών. Sûr de la légitimité de sa cause, il accuse les Troyennes de barbarie.

***Exodos*, scène 3 (suite) – Polymestor, le chœur, Agamemnon, Hécube**

ΠΟΛΥΜΗΣΤΩΡ

Λέγοιμ' ἄν[1]. Ἦν τις Πριαμιδῶν νεώτατος,
Πολύδωρος, Ἑκάβης παῖς, ὃν ἐκ Τροίας ἐμοί
πατὴρ δίδωσι Πρίαμος ἐν δόμοις τρέφειν[2],
ὕποπτος[3] ὢν δὴ Τρωικῆς ἁλώσεως.
Τοῦτον κατέκτειν'· ἀνθ' ὅτου δ' ἔκτεινά νιν[4],
ἄκουσον, ὡς εὖ καὶ σοφῇ προμηθίᾳ.
Ἔδεισα μὴ σοὶ πολέμιος λειφθεὶς ὁ παῖς
Τροίαν ἀθροίσῃ[5] καὶ ξυνοικίσῃ[5] πόλιν,
γνόντες δ' Ἀχαιοὶ ζῶντα Πριαμιδῶν τινα
Φρυγῶν ἐς αἶαν αὖθις ἄρειαν στόλον,
κἄπειτα Θρῄκης πεδία τρίβοιεν τάδε
λεηλατοῦντες, γείτοσιν δ' εἴη κακόν
Τρώων[6] ἐν ᾧπερ νῦν, ἄναξ, ἐκάμνομεν.
Ἑκάβη δὲ παιδὸς γνοῦσα θανάσιμον μόρον
λόγῳ με τοιῷδ' ἤγαγ', ὡς κεκρυμμένας
θήκας φράσουσα Πριαμιδῶν ἐν Ἰλίῳ
χρυσοῦ·[7] μόνον δὲ σὺν τέκνοισί μ' εἰσάγει
δόμους, ἵν' ἄλλος μή τις εἰδείη τάδε.
Ἵζω δὲ κλίνης ἐν μέσῳ κάμψας γόνυ·
πολλαὶ δέ, χειρὸς αἱ μὲν ἐξ ἀριστερᾶς,
αἱ δ' ἔνθεν, ὡς δὴ παρὰ φίλῳ, Τρώων κόραι
θάκους ἔχουσαι, κερκίδ' Ἠδωνῆς[8] χερός
ᾔνουν, ὑπ' αὐγὰς τούσδε λεύσσουσαι πέπλους·
ἄλλαι δὲ κάμακα Θρῃκίαν θεώμεναι
γυμνόν μ' ἔθηκαν διπτύχου στολίσματος[9].
Ὅσαι δὲ τοκάδες ἦσαν, ἐκπαγλούμεναι

τέκν' ἐν χεροῖν ἔπαλλον, ὡς πρόσω πατρός
γένοιντο, διαδοχαῖς ἀμείβουσαι χερῶν.
Κᾆτ' ἐκ γαληνῶν — πῶς δοκεῖς[10] ; — προσφθεγμάτων
εὐθὺς λαβοῦσαι φάσγαν' ἐκ πέπλων ποθὲν
κεντοῦσι παῖδας, αἳ δὲ πολεμίων δίκην
ξυναρπάσασαι τὰς ἐμὰς εἶχον χέρας
καὶ κῶλα· παισὶ δ' ἀρκέσαι χρῄζων ἐμοῖς,
εἰ μὲν πρόσωπον ἐξανισταίην ἐμόν,
κόμης κατεῖχον, εἰ δὲ κινοίην χέρας,
πλήθει γυναικῶν οὐδὲν ἤνυον τάλας.
Τὸ λοίσθιον δέ, πῆμα πήματος πλέον,
ἐξειργάσαντο δείν'· ἐμῶν γὰρ ὀμμάτων,
πόρπας λαβοῦσαι, τὰς ταλαιπώρους κόρας
κεντοῦσιν, αἱμάσσουσιν· εἶτ' ἀνὰ στέγας
φυγάδες ἔβησαν· ἐκ δὲ πηδήσας ἐγὼ
θὴρ ὣς[11] διώκω τὰς μιαιφόνους κύνας,
ἅπαντ' ἐρευνῶν τοῖχον ὡς κυνηγέτης,
βάλλων, ἀράσσων[12]. Τοιάδε σπεύδων χάριν
πέπονθα τὴν σὴν[13] πολέμιόν τε σὸν κτανών,
'Αγάμεμνον. Ὡς δὲ μὴ μακροὺς τείνω λόγους,
εἴ τις γυναῖκας τῶν πρὶν[14] εἴρηκεν κακῶς
ἢ νῦν λέγων ἔστιν τις ἢ μέλλει λέγειν,
ἅπαντα ταῦτα συντεμὼν ἐγὼ φράσω·
γένος γὰρ οὔτε πόντος οὔτε γῆ τρέφει
τοιόνδ'· ὁ δ' αἰεὶ[15] ξυντυχὼν ἐπίσταται.

ΧΟΡΟΣ

Μηδὲν θρασύνου μηδὲ τοῖς σαυτοῦ κακοῖς
τὸ θῆλυ συνθεὶς ὧδε πᾶν μέμψῃ γένος[16].
[Πολλαὶ γὰρ ἡμῶν, αἳ μέν εἰσ' ἐπίφθονοι,
αἳ δ' εἰς ἀριθμὸν τῶν κακῶν πεφύκαμεν.]

NOTES

1. *Le potentiel correspond ici à un futur atténué :* je vais parler.

2. **τρέφειν** *est un infinitif de but appelé par* **δίδωσι**.

3. **ὕποπτος** *est à prendre au sens actif.*

4. **νιν** = **αὐτόν**.

5. *Les deux verbes renvoient à une opération de synœcisme (regroupement de la population éparse en une même cité) analogue à celle qu'opéra Thésée pour Athènes.*

6. *Construire* **γείτοσιν Τρώων** *et comprenez :* nous, les Thraces, *comme dit le scholiaste.*

7. *Construire* **θήκας χρυσοῦ** : un dépôt d'or.

8. Le tissage de la main édonienne, *c'est-à-dire le tissage des femmes thraces. (Les Édones, peuple thrace, occupaient la région voisine d'Amphipolis). Les jeunes filles feignent d'admirer la longue robe ample et ouvragée du Thrace.*

9. *Polymestor porte probablement deux javelines, comme les chefs dans l'épopée homérique* (Iliade, III, 18).

10. *Tour familier (***πῶς δοκεῖς** : tu peux penser comme*) qui porte sur* **γαληνῶν** : d'une douceur ô combien sereine.

11. *Il faut voir l'accentuation de* **ὧς** *et construire* **ὡς θήρ**. *Polymestor se compare à la fois à un fauve qui chasse les chiens et à un chasseur qui traque le gibier.*

12. *Reprise des verbes que l'on trouve aux vers 1040-1043 décrivant le combat de Polymestor dans la tente troyenne.*

13. *Construire* **σπεύδων χάριν τὴν σὴν**.

14. *Construire* **τις τῶν πρίν** *et pensez au sens de la formule* **οἱ πρίν**, les anciens.

15. **αἰεί** : chaque fois, *avec une idée de répétition.*

16. *Reprise des termes employés par Agamemnon au vers 885 :* **τὸ μέντοι θῆλυ μέμφομαι γένος**, je n'ai pas bonne opinion du sexe féminin.

Traduction des vers 1150-1159

1. Traduction de Leconte de Lisle (1884)

Et, ployant les genoux, je me suis assis au milieu d'un lit, et les jeunes filles troiennes étaient assises, les unes à droite, les autres à gauche, comme auprès d'un ami. Et les unes louaient le tissu édônien de mes vêtements en l'exposant à la lumière de Hélios, et les autres admiraient ma lance thrékienne, et elles me laissèrent bientôt sans péplos et sans lance. Celles qui étaient mères berçaient mes enfants dans leurs bras, et, les faisant passer de mains en mains, les éloignaient de leur père.

2. Traduction de Marie Delcourt-Curvers (© Gallimard, 1962)

Je m'assieds à mon aise au milieu du lit.
En grand essaim, qui à gauche, qui à droite,
comme autour d'un ami, les jeunes Troyennes
s'installaient, et vantaient le travail des tisseuses
d'Édonie, en regardant mes vêtements à la lumière.
D'autres examinaient ma javeline thrace
et me dépouillaient de ma double pique.
Les jeunes mères se récriaient sur la beauté
de mes enfants, les faisaient sauter dans leurs bras, et les éloignaient
de leur père en se les passant l'une à l'autre.

3. Traduction de Nicole Loraux et François Rey (© Les Belles Lettres, 1999)

Pliant le genou, je m'assieds au milieu de la couche. Alors, nombreuses, les unes à gauche, les autres à droite, comme auprès d'un ami, les filles de Troie ont pris place, et elles ont loué l'œuvre des navettes

édoniennes, regardant mes robes à la lumière du jour, tandis que d'autres, examinant mes piques thraces, me dépouillaient de mon double équipement.
Celles qui étaient mères faisaient en s'extasiant sauter mes enfants dans leurs bras et se les passaient de mains en mains pour les éloigner de leur père.

4. Traduction de J. Delabroy (traduction inédite pour le théâtre, 2011, Paris)

Et je ploie les genoux, je m'assois au milieu d'un lit
Alors plein de jeunes filles, les unes à gauche,
Les autres à droite, vrai, comme auprès d'un ami, les pupilles de Troie,
Elles se sont installées, et elles louaient les tissus des fileuses de Thrace,
Examinant mes robes à la lumière du jour,
Pendant que d'autres s'intéressaient à ma lance de Thrace,
Et me défaisaient de mon double équipement.
Celles qui avaient enfanté s'extasiaient
Sur les enfants, les prenaient dans leurs bras, en sorte de les éloigner
Du père, en se les passant de mains en mains.

Entraînement au BAC

1 Langue

a. Analysez la forme ἄρειαν au vers 1141.

b. Expliquez la construction du vers 1146-1147, ὡς φράσουσα.

2 Traduction

a. Regardez de près la traduction des vers 1155-1156.

b. Que pensez-vous de la traduction des vers 1157-1159 ?

3 Analyse

a. Dégagez le plan du plaidoyer. Que remarquez-vous ?

b. Étudiez les arguments de la défense de Polymestor (v. 1132-1144).

c. Comment l'accusation se présente-t-elle ?

d. Peut-on parler d'une mise en accusation des femmes dans ce texte ?

4 Version. Traduisez les vers 1136-1144.

27. Réponse d'Hécube et jugement d'Agamemnon

Vers 1187-1239 ➤ traduction p. 157-158

Hécube ne se défend pas, elle attaque et démonte la défense de Polymestor.

***Exodos*, scène 3 (suite) – Hécube, le chœur, Agamemnon, Polymestor**

ΕΚΑΒΗ

Ἀγάμεμνον, ἀνθρώποισιν οὐκ ἐχρῆν ποτε
τῶν πραγμάτων τὴν γλῶσσαν ἰσχύειν πλέον·
ἀλλ', εἴτε χρήστ' ἔδρασε, χρήστ' ἔδει λέγειν,
εἴτ' αὖ πονηρά, τοὺς λόγους εἶναι σαθρούς,
καὶ μὴ δύνασθαι τἄδικ' εὖ λέγειν ποτέ.
Σοφοὶ μὲν οὖν εἴσ' οἱ τάδ' ἠκριβωκότες,
ἀλλ' οὐ δύνανται διὰ τέλους εἶναι σοφοί,
κακῶς δ' ἀπώλοντ'[1]· οὔτις ἐξήλυξέ πω.
Καί μοι τὸ μὲν[2] σὸν ὧδε φροιμίοις[3] ἔχει·
πρὸς τόνδε δ' εἶμι καὶ λόγοις ἀμείψομαι·
ὃς φῂς Ἀχαιῶν πόνον ἀπαλλάσσων διπλοῦν[4]
Ἀγαμέμνονός θ' ἕκατι[5] παῖδ' ἐμὸν κτανεῖν.
Ἀλλ', ὦ κάκιστε, πρῶτον οὔποτ' ἂν φίλον
τὸ βάρβαρον γένοιτ' ἂν Ἕλλησιν γένος
οὐδ' ἂν δύναιτο. Τίνα[6] δὲ καὶ σπεύδων χάριν
πρόθυμος ἦσθα ; πότερα κηδεύσων τινά
ἢ συγγενὴς ὤν, ἢ τίν' αἰτίαν ἔχων ;
Ἢ σῆς ἔμελλον[7] γῆς τεμεῖν βλαστήματα
πλεύσαντες αὖθις ; Τίνα δοκεῖς[8] πείσειν τάδε ;
Ὁ χρυσός, εἰ βούλοιο τἀληθῆ λέγειν,
ἔκτεινε τὸν ἐμὸν παῖδα, καὶ κέρδη τὰ σά.
Ἐπεὶ δίδαξον τοῦτο· πῶς, ὅτ' εὐτύχει
Τροία, πέριξ δὲ πύργος εἶχ' ἔτι πτόλιν[9],
ἔζη τε Πρίαμος Ἕκτορός τ' ἤνθει δόρυ,
τί δ' οὐ τότ', εἴπερ τῷδ' ἐβουλήθης χάριν

θέσθαι, τρέφων τὸν παῖδα κἀν[10] δόμοις ἔχων[11]
ἔκτεινας ἢ ζῶντ' ἦλθες 'Αργείοις ἄγων ;
'Αλλ' ἡνίχ' ἡμεῖς οὐκέτ' ἐσμὲν ἐν φάει,
καπνῷ δ' ἐσήμην' ἄστυ, πολεμίων ὕπο[12],
ξένον κατέκτας σὴν μολόντ' ἐφ' ἑστίαν.
Πρὸς τοῖσδε νῦν ἄκουσον, ὡς φανῇς κακός.
Χρῆν σ', εἴπερ ἦσθα τοῖς 'Αχαιοῖσιν φίλος,
τὸν χρυσὸν, ὃν φῄς οὐ σὸν ἀλλὰ τοῦδ' ἔχειν,
δοῦναι φέροντα πενομένοις τε καὶ χρόνον
πολὺν πατρῴας γῆς ἀπεξενωμένοις·
σὺ δ' οὐδὲ[13] νῦν πω σῆς ἀπαλλάξαι χερός
τολμᾷς, ἔχων δὲ καρτερεῖς ἔτ' ἐν δόμοις.
Καὶ μὴν τρέφων μὲν ὥς σε παῖδ' ἐχρῆν τρέφειν
σώσας τε τὸν ἐμόν, εἶχες ἂν καλὸν κλέος·
ἐν τοῖς κακοῖς γὰρ ἀγαθοὶ σαφέστατοι
φίλοι· τὰ χρηστὰ δ' αὔθ' ἕκαστ' ἔχει φίλους.
Εἰ δ' ἐσπάνιζες χρημάτων, ὃ δ' εὐτύχει,
θησαυρὸς ἄν σοι παῖς ὑπῆρχ' οὑμὸς μέγας·
νῦν δ' οὔτ' ἐκεῖνον ἄνδρ' ἔχεις σαυτῷ φίλον,
χρυσοῦ τ' ὄνησις οἴχεται παῖδές τε σοί,
αὐτός τε πράσσεις ὧδε[14]. Σοὶ δ' ἐγὼ λέγω,
'Αγάμεμνον, εἰ τῷδ' ἀρκέσεις, κακὸς φανῇ·
οὔτ' εὐσεβῆ γὰρ οὔτε πιστὸν οἷς ἐχρῆν,
οὐχ ὅσιον, οὐ δίκαιον εὖ δράσεις[15] ξένον·
αὐτὸν δὲ χαίρειν τοῖς κακοῖς σὲ φήσομεν
τοιοῦτον ὄντα[16]· δεσπότας δ' οὐ λοιδορῶ.

ΧΟΡΟΣ

Φεῦ φεῦ·[17] βροτοῖσιν ὡς τὰ χρηστὰ πράγματα
χρηστῶν ἀφορμὰς ἐνδίδωσ' ἀεὶ[18] λόγων.

NOTES

1. **ἀπώλοντ'** *est un aoriste gnomique qui complète les deux vers précédents au présent de vérité générale.*

2. **τὸ σόν** : ce qui te concerne, *sujet de* **ἔχει** *construit ici avec l'adverbe* **ὧδε**.

3. *Datif instrumental ; on peut penser qu'il équivaut à un accusatif de relation.*

4. **πόνον διπλοῦν** : la double épreuve = *l'épreuve d'un second siège de Troie.*

5. **ἕκατι** *est placé après le mot qu'il régit :* à cause de.

6. *Reprise du vers 1175 :* quel intérêt ? **τίνα χάριν** *est développé par l'interrogation multiple des vers suivants,* **πότερα... ἤ... ἤ**.

7. **ἔμελλον** *a pour sujet les Achéens.*

8. *Le sens de* **δοκεῖς** *est ici* penser, croire, espérer, *à cause de l'infinitif futur qu'il régit.*

9. **πτόλιν** = **πόλιν**.

10. **κἀν** *est une crase pour* **καί ἐν**.

11. **ἔχω** : tenir dans ses mains, *d'où* retenir, conserver.

12. *Rappel : l'accent sur* **ὕπο** *montre qu'il est postposé.*

13. *Des trois sens de* **οὐδέ**, et ne pas, ne pas même, ne pas non plus, *il faut ici choisir le second.*

14. **πράσσεις ὧδε** : tu es dans cet état.

15. **εὖ δράσεις** = **εὖ ποιήσεις** *suivi de l'accusatif de la personne.*

16. *On peut penser qu'Hécube répond à un geste ou un mouvement d'Agamemnon.*

17. *L'interjection marque l'étonnement, l'admiration.*

18. *Rappel :* **ἀεί** *signifie* à chaque fois.

Traduction des vers 1186-1194

❑❑❑❑❑❑❑ **1. Traduction de Leconte de Lisle (1884)**

Agamemnôn, il serait bon que, parmi les hommes, la langue ne l'emportât jamais sur les actions, mais que les bonnes actions amenassent toujours les bonnes paroles, et les mauvaises actions les mauvaises paroles, et que le mal ne pût jamais bien parler. À la vérité, ils passent pour sages, ceux qui usent ainsi habilement de la parole ; mais leur habileté a un terme, et ils périssent misérablement, et aucun d'eux n'a encore évité cette destinée.

❑❑❑❑❑❑❑ **2. Traduction de Marie Delcourt-Curvers (© Gallimard, 1962)**

Les paroles, Agamemnon, ne devraient jamais prévaloir sur les faits.
Celui qui agit bien devrait savoir parler.
Celui qui agit mal, ses mots devraient avoir un son fêlé,
il ne pourrait rendre éloquente son injustice.
Habiles sont ceux-là qui savent orner leurs discours,
mais leur habileté ne se soutient pas jusqu'au bout,
et l'un après l'autre on les voit finir misérablement.

❑❑❑❑❑❑❑ **3. Traduction de Claire Nancy (© GF-Flammarion, 2000)**

Agamemnon, jamais pour les humains
la langue ne devrait valoir plus que les faits.

Qui a bien agi devrait parler bien,
qui en revanche a mal agi, avoir une parole creuse,
et l'injustice n'être jamais capable de paroles bien tournées.
Il faut certes être habile pour de telles subtilités,
mais on ne peut pas être habile jusqu'au bout,
et l'on a une fin misérable ; personne, encore, n'y a échappé.

Entraînement au BAC

1 Langue

a. Donnez la valeur de ἐχρῆν et ἔδει aux vers 1187 et 1189.

b. Analysez et donnez la valeur de la forme εὐτύχει au vers 1228.

2 Traduction

a. Quelle est à votre avis la traduction qui rend le mieux le parallélisme du vers 1189 ?

b. Que pensez-vous de la traduction de σαθρούς (v. 1190) dans les trois textes proposés ? Avez-vous d'autres idées ?

c. Quelle importance donnez-vous à la traduction de σοφός (v. 1192 et 1193) ? Pourquoi peut-on rejeter la traduction qu'en donne Leconte de Lisle ?

3 Analyse

a. Expliquez les propos d'Hécube sur la rhétorique (v. 1186-1194) et la réplique du chœur (v. 1238-1239). Comment pouvez-vous les concilier avec les remarques de la reine aux vers 816 et suivants ?

b. Hécube répond-elle à l'accusation lancée contre elle par Polymestor ?

c. Comment la réponse d'Hécube au discours de Polymestor se construit-elle ?

d. Comment Hécube démontre-t-elle dans la fin du discours (à partir du vers 1224) que Polymestor est parfaitement immoral ?

4 Version. Traduisez les vers 1208-1216.

28. Jugement d'Agamemnon et prophéties de Polymestor

Vers 1240-1295 ➤ traduction p. 158-161

Si le verdict peut apaiser Hécube, il ne met pas un terme aux malheurs engendrés par la guerre de Troie.

***Exodos*, scène 3 (fin) – Agamemnon, Polymestor, Hécube, le chœur**

ΑΓΑΜΕΜΝΩΝ
'Αχθεινὰ μέν μοι τἀλλότρια κρίνειν κακά,
ὅμως δ' ἀνάγκη· καὶ γὰρ αἰσχύνην φέρει,
πρᾶγμ' ἐς χέρας λαβόντ' ἀπώσασθαι τόδε.
'Εμοὶ δ', ἵν' εἰδῇς, οὔτ' ἐμὴν δοκεῖς χάριν[1]
οὔτ' οὖν 'Αχαιῶν ἄνδρ' ἀποκτεῖναι ξένον,
ἀλλ' ὡς ἔχῃς τὸν χρυσὸν ἐν δόμοισι σοῖς.
Λέγεις δὲ σαυτῷ πρόσφορ' ἐν κακοῖσιν ὤν.
Τάχ' οὖν παρ' ὑμῖν ῥᾴδιον ξενοκτονεῖν·
ἡμῖν δέ γ' αἰσχρὸν τοῖσιν Ἕλλησιν τόδε.
Πῶς οὖν σε κρίνας[2] μὴ ἀδικεῖν φύγω ψόγον ;
οὐκ ἂν δυναίμην. 'Αλλ' ἐπεὶ τὰ μὴ καλά
πράσσειν ἐτόλμας, τλῆθι καὶ τὰ μὴ φίλα.

ΠΟΛΥΜΗΣΤΩΡ
Οἴμοι, γυναικός, ὡς ἔοιχ', ἡσσώμενος
δούλης ὑφέξω τοῖς κακίοσιν δίκην.

ΕΚΑΒΗ
Οὔκουν[3] δικαίως, εἴπερ εἰργάσω κακά ;[4]

ΠΛ. Οἴμοι τέκνων τῶνδ' ὀμμάτων[5] τ' ἐμῶν, τάλας.
ΕΚ. 'Αλγεῖς ; τί δὴ 'μέ ; παιδὸς[6] οὐκ ἀλγεῖν δοκεῖς ;
ΠΛ. Χαίρεις ὑβρίζουσ' εἰς ἔμ', ὦ πανοῦργε σύ ;
ΕΚ. Οὐ γάρ με χαίρειν χρή σε τιμωρουμένην ;
ΠΛ. 'Αλλ' οὐ τάχ', ἡνίκ' ἄν σε ποντία νοτίς[7]
ΕΚ. Μῶν ναυστολήσῃ γῆς ὅρους 'Ελληνίδος ;
ΠΛ. κρύψῃ μὲν οὖν πεσοῦσαν ἐκ καρχησίων[8].

ΕΚ. Πρὸς τοῦ[9] βιαίων τυγχάνουσαν ἁλμάτων ;
ΠΛ. Αὐτὴ πρὸς ἱστὸν ναὸς ἀμβήσῃ[10] ποδί.
ΕΚ. Ὑποπτέροις νώτοισιν ἢ ποίῳ τρόπῳ ;
ΠΛ. Κύων γενήσῃ πύρσ' ἔχουσα δέργματα.
ΕΚ. Πῶς δ' οἶσθα μορφῆς τῆς ἐμῆς μετάστασιν ;
ΠΛ. Ὁ Θρῃξὶ μάντις εἶπε Διόνυσος τάδε.
ΕΚ. Σοὶ δ' οὐκ ἔχρησεν οὐδὲν ὧν ἔχεις κακῶν ;
ΠΛ. Οὐ γάρ ποτ' ἂν σύ μ' εἷλες[11] ὧδε σὺν δόλῳ.
ΕΚ. Θανοῦσα δ' ἢ ζῶσ' ἐνθάδ' ἐκπλήσω βίον ;[12]
ΠΛ. Θανοῦσα· τύμβῳ δ' ὄνομα σῷ κεκλήσεται
ΕΚ. Μορφῆς ἐπῳδόν, ἢ τί, τῆς ἐμῆς ἐρεῖς ;
ΠΛ. Κυνὸς ταλαίνης σῆμα[13], ναυτίλοις τέκμαρ.
ΕΚ. Οὐδὲν μέλει μοι σοῦ γέ μοι δόντος δίκην.
ΠΛ. Καὶ σήν γ' ἀνάγκη παῖδα Κασάνδραν θανεῖν.
ΕΚ. 'Απέπτυσ'[14]· αὐτῷ ταῦτα σοὶ δίδωμ' ἔχειν.
ΠΛ. Κτενεῖ νιν ἡ τοῦδ' ἄλοχος, οἰκουρὸς πικρά.[15]
ΕΚ. Μήπω μανείη Τυνδαρὶς[16] τοσόνδε παῖς.
ΠΛ. Καὐτόν γε τοῦτον, πέλεκυν ἐξάρασ' ἄνω.
ΑΓ. Οὗτος σύ, μαίνῃ καὶ κακῶν ἐρᾷς τυχεῖν ;
ΠΛ. Κτεῖν', ὡς ἐν Ἄργει φόνια λουτρά σ' ἀμμένει.
ΑΓ. Οὐχ ἕλξετ' αὐτόν, δμῶες, ἐκποδὼν βίᾳ ;
ΠΛ. 'Αλγεῖς ἀκούων ;
ΑΓ. Οὐκ ἐφέξετε στόμα ;
ΠΛ. 'Εγκλῄετ'[17]· εἴρηται γάρ.
ΑΓ. Οὐχ ὅσον τάχος[18]
νήσων ἐρήμων αὐτὸν ἐκβαλεῖτέ που,
ἐπείπερ οὕτω καὶ λίαν θρασυστομεῖ ;
Ἑκάβη, σύ δ', ὦ τάλαινα, διπτύχους νεκρούς
στείχουσα θάπτε· δεσποτῶν δ' ὑμᾶς χρεὼν
σκηναῖς πελάζειν, Τρῳάδες· καὶ γὰρ πνοάς
πρὸς οἶκον ἤδη τάσδε πομπίμους ὁρῶ.
Εὖ δ' ἐς πάτραν πλεύσαιμεν, εὖ δὲ τἀν[19] δόμοις
ἔχοντ' ἴδοιμεν τῶνδ' ἀφειμένοι πόνων.

ΧΟΡΟΣ

Ἴτε πρὸς λιμένας σκηνάς τε, φίλαι,
τῶν δεσποσύνων πειρασόμεναι
μόχθων· στερρὰ γὰρ ἀνάγκη.

NOTES

1. **ἐμὴν χάριν** : *reprise des propos de Polymestor au vers 1175, eux-mêmes repris par Hécube.*

2. **κρίνας** : *nominatif singulier du participe aoriste actif de* **κρίνω**.

3. *Adverbe qui suppose une réponse affirmative à la question posée ; remarquez l'accent sur la première syllabe de* **Οὔκουν** *: il met en évidence l'adverbe de négation* οὐκ *et permet de mémoriser son sens.*

4. *Ce vers est attribué à Agamemnon dans tous les manuscrits sauf un ; l'éditeur choisit la leçon de ce manuscrit.*

5. *Les deux génitifs* **τέκνων** *et* **ὀμμάτων** *sont des génitifs exclamatifs.*

6. *Le verbe* **ἀλγέω-ῶ** *se construit avec le génitif de la personne.*

7. *Les vers 1260 et 1261 terminent chacun la subordonnée introduite par* **ἡνίκα** *au vers 1259. Hécube interrompt et poursuit son idée : justice est rendue. Elle accepte d'être emmenée en Grèce ; elle a refusé la liberté pour accomplir sa vengeance.*

8. Le haut du mât.

9. *Rappel :* **τοῦ** = **τίνος**, *donc le génitif singulier du pronom interrogatif.*

10. **ἀμβήσομαι** = **ἀναβήσομαι** ; **ἀμβαίνω** = **ἀναβαίνω**.

11. *L'aoriste* **ἂν...εἶλες** *marque l'irréel dans une proposition principale dont la subordonnée serait la réponse à la question du vers 1268* (s'il m'avait annoncé cela...).

12. *Ce vers a posé beaucoup de problèmes aux commentateurs ; on peut penser qu'Hécube demande si elle est morte* (**θανοῦσα**) *à l'instant même de sa métamorphose ou si elle a continué à vivre* (**ζῶσα**).

13. *Plusieurs caps portent le nom de* **Κυνὸς σῆμα**, *et notamment une pointe de la Chersonèse de Thrace, mentionnée par Thucydide (VII, 104-105).*

14. **ἀποπτύω** *signifie* se détourner en crachant *(pour conjurer un mauvais présage).*

15. **οἰκουρός** *signifie* qui garde la maison, qui y reste. *Cet adjectif fait écho aux vers de la pièce d'Eschyle* Agamemnon. *Clytemnestre se déclare au vers 607* épouse fidèle, chienne de garde à lui dévouée (**δωμάτων κύνα ἐσθλήν**) *et Agamemnon la salue au vers 914 comme* gardienne fidèle de mon foyer (**δωμάτων ἐμῶν φύλαξ**).

16. *Clytemnestre, fille de Tyndare.*

17. Fermez-moi la bouche.

18. **τάχος** *est un adverbe et l'expression* **ὅσον τάχος** *signifie* le plus vite possible.

19. **τἀν** = **τά ἐν**.

Traduction des vers 1252 à 1258

❑❑❑❑❑❑❑ **1. Traduction de Leconte de Lisle (1884)**

POLYMESTOR. – Hélas sur moi ! Vaincu par une femme esclave, je m'humilierai donc devant qui est plus faible que moi !

AGAMEMNON. – N'est-ce pas justice, puisque tu as fait cela ?

POLYMESTOR. – Hélas sur moi ! Hélas sur mes enfants et sur mes yeux ! Malheureux !

HÉCUBE. – Tu souffres ! Et moi, penses-tu que je ne souffre pas à cause de mon enfant ?

POLYMESTOR. – Tu te plais à m'insulter, ô toi qui es capable de tout !

HÉCUBE. – Ne dois-je pas me réjouir de t'avoir châtié ?

❑❑❑❑❑❑❑ **2. Traduction de Nicole Loraux et François Rey (© Les Belles Lettres, 1999)**

POLYMESTOR. – Hélas, je le vois, une femme m'a vaincu, une esclave, et je rendrai raison à des inférieurs.

AGAMEMNON. – N'est-ce pas justice, si tu as fait le mal ?

POLYMESTOR. – Malheur ! infortune ! mes enfants ! mes yeux !
HÉCUBE. – Tu souffres ? Et moi, tu crois que je ne souffre pas de mon fils ?
POLYMESTOR. – Tu prends plaisir à m'outrager, scélérate que tu es.
HÉCUBE. – Ne dois-je pas tirer plaisir d'être vengée de toi ?

❑❑❑❑❑❑❑ **3. Traduction de Victor Debidour (© Éditions de Fallois, 1999)**

POLYMESTOR. – Qu'est-ce là ? J'aurai donc été mis en déroute par une femme ? une esclave ? une vile sujette me fera subir sa « juste » loi ?
HÉCUBE. – N'est-ce pas juste, après les vilenies que tu as commises ?
POLYMESTOR. – Hélas ! oh ! mes enfants ! Oh ! mes yeux ! Malheur à moi !
HÉCUBE. – Tu es dans le deuil ? Et moi donc ? mon deuil maternel, tu l'oublies ?
POLYMESTOR. – Tu prends plaisir à me bafouer, femme sans vergogne !
HÉCUBE. – Plaisir à me venger de toi. Il m'est bien dû, non ?

Entraînement au BAC

1 Langue

a. Au vers 1254, analysez la forme εἰργάσω.

b. Au vers 1268, analysez et expliquez ὢν.

c. Au vers 1292, analysez la forme ἀφειμένοι.

2 Traduction

a. Comparez les traductions différentes :
– des vers 1253-1254 (κακίοσιν, κακά) ;
– du vocatif πανοῦργε au vers 1257.

b. Le vers 1254 est attribué par tous les manuscrits sauf un à Agamemnon, et c'est la leçon que vous trouvez dans les deux premières traductions proposées. Pourquoi peut-on, à votre avis, attribuer ce vers à Hécube ?

3 Analyse

a. Comment cette dernière scène s'organise-t-elle ? Dégagez les différents moments du texte.

b. Quelle image Euripide nous donne-t-il d'Agamemnon dans cette scène ?

c. Quel est l'effet produit par la prise de parole prophétique de Polymestor ? Les prédictions ont-elles toutes la même fonction ?

4 Version. Traduisez les vers 1243-1251.

QUESTIONS D'ENSEMBLE

1 Comment comprenez-vous la vengeance d'Hécube ?

2 Quelles significations les sacrifices évoqués dans la pièce revêtent-ils ?

3 Qui est barbare dans le texte ?

4 Peut-on parler d'un plaidoyer contre la guerre ?

5 De la plainte à l'action : comment la tragédie s'organise-t-elle ?

6 Si la parole est toujours le fondement de la *mimésis* théâtrale, quelle importance particulière revêt-t-elle dans cette pièce qui offre des scènes de délibération et un vrai procès devant Agamemnon ?

7 Quel rôle le chœur tient-il ? Peut-on le considérer comme un personnage à part entière ?

8 Polyxène et Hécube : la jeune victime d'un sacrifice pour l'honneur et la reine en deuil. Pourquoi ne peut-on qu'admirer Polyxène ? Pourquoi ne peut-on que plaindre Hécube ?

9 Les héros homériques Ulysse et Agamemnon sont-ils aussi admirables que dans l'épopée ?

HÉCUBE

PROLOGUE

Scène 1 : Polydore (v. 1-58)

Sur la côte de la Chersonèse de Thrace, au petit jour.
Au fond, le mur d'enceinte du campement d'Agamemnon,
percé d'une porte centrale. Au-dessus apparaît,
probablement à l'aide de la *méchanè*[1] le fantôme de Polydore.

POLYDORE
Me voici, venu de l'antre des morts et des portes de l'ombre,
là où Hadès a établi sa demeure à l'écart des dieux ;
oui, moi, Polydore, l'enfant né d'Hécube, la fille de Kisseus,
et de Priam. Mon père, quand la cité des Phrygiens
fut menacée de tomber sous la lance grecque,
saisi de crainte, me fit quitter secrètement la terre troyenne
pour le palais de Polymestor[2], son hôte thrace.
Cette riche plaine de la Chersonèse, c'est lui, Polymestor
qui la cultive, tout en dirigeant de sa lance son peuple ami des chevaux[3].
Avec moi mon père fait partir beaucoup d'or en cachette
afin que, si d'aventure les murs d'Ilion venaient à tomber,
ses fils survivants ignorent l'indigence.
J'étais le plus jeune des fils de Priam ; c'est justement pourquoi
il me fit quitter secrètement le pays, car je n'étais capable de porter
ni le bouclier ni la lance avec mon jeune bras.
Ainsi donc, tant que restèrent debout les bornes du pays
et que furent intacts les remparts de la terre troyenne,
tant que mon frère Hector triomphait au combat,
tout allait bien pour moi chez le Thrace, l'hôte de mon père.
Bien soigné, comme une jeune pousse je grandissais, pour mon malheur, hélas !

1. Grue située à gauche de la *parodos*.
2. Polymestor, qu'on verra à la fin de la pièce, apparaît pour la première fois dans la tragédie grecque.
3. La Thrace était célèbre pour son blé et pour ses chevaux, mentionnés déjà par Homère et Hésiode.

Mais quand Troie périt avec la vie d'Hector,
quand le foyer de mon père fut ruiné de fond en comble,
et que lui-même s'écroule près de l'autel qu'avaient construit les dieux,
égorgé par le fils d'Achille qui se souille de ce meurtre,
voilà que par amour de l'or me tue l'hôte de mon père, moi l'infortuné ;
et après le meurtre, il jeta mon corps dans les flots marins
pour posséder tout seul notre or en son palais.
Et me voilà alors tantôt gisant sur des côtes escarpées, tantôt dans la mer
[instable,
ballotté par le va-et-vient nombreux des vagues,
sans larmes et sans tombeau. Mais en ce moment-ci, c'est au-dessus de ma
[mère chérie,
Hécube, que je m'élance, ayant déserté mon propre corps.
Voici déjà le troisième jour que j'erre ainsi dans les airs,
juste depuis que, sur cette terre de Chersonèse,
se trouve ma pauvre mère venue de Troie.
Or, tous les Achéens avec leurs navires campent sans bouger
sur la côte escarpée de cette terre de Thrace.
Car le fils de Pélée, Achille, apparu au-dessus de son tombeau,
a arrêté toute l'armée des Grecs
qui déjà dirigeaient vers leurs foyers la rame marine.
Il réclame ma sœur Polyxène,
c'est la victime agréable à son tombeau, la part d'honneur qu'il veut prendre.
Et de fait il l'obtiendra, et il ne sera pas privé de présent
par des guerriers qui l'aiment. La destinée conduit
ma sœur à la mort en ce jour[4].
De ses deux enfants ma mère verra les deux cadavres,
le mien et celui de sa malheureuse fille.
J'apparaîtrai en effet pour obtenir la sépulture, infortuné que je suis,
devant les pieds d'une esclave, porté par la vague.
Car des puissances d'en bas j'ai obtenu par mes prières
de trouver un tombeau et de tomber dans les bras de ma mère.
Ainsi donc, le peu que je désirais obtenir,
je l'aurai. Mais je vais me retirer loin des pas de la vieille Hécube,
car la voici qui s'avance hors du campement
d'Agamemnon, effrayée par mon spectre[5].
Hélas !
Ô mère, toi qui, au sortir d'un palais royal,

4. C'est le petit matin. L'unité de temps (action en une journée) est implicitement respectée dans la tragédie grecque.

5. Par ces derniers mots, Polydore explique que son fantôme, que les spectateurs ont vu comme une réalité, Hécube l'a vu pendant ce temps en rêve, comme un φάντασμα.

as vu le jour de l'esclavage, comme ton malheur est grand,
aussi grand qu'autrefois ton bonheur ! Sur les plateaux de la balance,
une divinité place ta destruction en face de ta prospérité d'antan.

L'ombre de Polydore disparaît.
Par la porte centrale de la *skènè* sort Hécube,
soutenue par de jeunes servantes.

Scène 2 : Hécube (v. 59-97)

HÉCUBE
Conduisez, jeunes filles[6], la vieille femme que je suis devant la maison.
Conduisez-la, redressez-la, Troyennes, votre compagne d'esclavage,
qui fut autrefois votre reine.
Tenez-moi, soutenez-moi, accompagnez-moi, soulevez-moi,
saisissez-vous de ma vieille main.
Et moi, m'appuyant de la main sur un bâton tordu[7],
je hâterai la lente marche de mon pied
en l'avançant devant moi.

Ô éclat de Zeus, ô nuit ténébreuse,
pourquoi donc suis-je ainsi chassée de ma couche la nuit
par d'effrayantes apparitions ? Ô puissante Terre
mère des rêves aux ailes noires,
loin de moi cette vision nocturne !
J'ai vu dans mes rêves mon fils, celui qui est sain et sauf en Thrace,
et Polyxène, ma fille chérie.
Quel effroi dans ces révélations !
Ah, dieux chtoniens, préservez mon fils,
le seul à être encore une ancre de ma maison,
lui qui habite la Thrace neigeuse,
sous la protection de l'hôte de son père.

Il va se produire un fait nouveau !
Un chant de deuil va naître en nos bouches dolentes !
Jamais mon cœur ainsi sans relâche
n'a tremblé, n'a frissonné.

---

6. Ces jeunes filles ne sont pas le chœur, mais des personnages muets.
7. D'autres comprennent : *en m'appuyant sur le bâton replié de votre bras (que constitue votre bras plié).*

Où donc puis-je voir Hélénos
ou Cassandre[8]*, à l'âme inspirée des Dieux, Troyennes,*
pour qu'ils interprètent mes rêves ?
Car j'ai vu une biche tachetée égorgée par la griffe ensanglantée
d'un loup, arrachée à mes genoux, impitoyablement.
Et voici encore qui m'effraie :
au-dessus de son tombeau est apparu
le spectre d'Achille ; il réclamait comme part d'honneur
l'une des Troyennes aux mille souffrances.
De mon enfant, de mon enfant, écartez donc
ce malheur, dieux, je vous en supplie !

Le chœur, composé de quinze captives troyennes, fait son entrée dans l'*orchestra* par la *parodos* de droite[9].

PARODOS : le chœur[10], Hécube (v. 98-153)

LE CHŒUR
Hécube, je me suis hâtée de venir vers toi,
quittant la tente du maître,
où le tirage au sort a fixé mon esclavage
chassée de la cité
d'Ilion, prise de guerre conquise
à la pointe de la lance par les Achéens.
Non que je vienne alléger tes peines :
au contraire, chargée du poids d'une lourde nouvelle
je viens à toi, femme, en messager de douleurs.
Dans l'assemblée plénière des Achéens,
à ce qu'on dit, il a été décidé d'offrir ta fille à Achille
comme victime sanglante. Debout sur son tombeau,
tu te souviens de ce moment, il est apparu avec ses armes d'or
et a retenu les navires coureurs des mers,
alors qu'ils appuyaient leurs voiles sur les cordages d'avant,
en poussant ce cri :
« Où donc partez-vous, Danaens,

8. Hélénos et Cassandre, tous deux enfants d'Hécube et de Priam, avaient reçu des dieux le don de prophétie. Le devin Hélénos est mentionné dans plusieurs tragédies d'Euripide.
9. La *parodos* de droite est réservée aux personnages censés venir de la ville ou du port ; or, en renvoyant le chœur aux vers 1294-1295, le coryphée lui dira d'aller *vers le port et les tentes de [ses] maîtres.*
10. *Parodos* exceptionnelle dans la mesure où elle ne comporte pas de partie lyrique.

en laissant mon tombeau privé de part d'honneur ? »
Alors s'entrechoqua le flot d'une puissante querelle ;
deux avis s'opposaient dans l'armée des Grecs
armés de piques : les uns étaient d'avis d'accorder
au tombeau une victime sanglante, les autres non.
Celui qui défendait avec zèle ton intérêt,
parce qu'il tient en haute estime le lit de la bacchante prophétique,
c'était Agamemnon.
Mais les deux fils de Thésée[11], rejetons d'Athènes,
s'exprimant en deux discours,
s'accordaient sur un avis unique :
couronner le tombeau d'Achille
d'un sang frais ; et jamais, disaient-ils,
ils ne feraient passer la couche de Cassandre
avant la lance d'Achille.
L'ardeur à soutenir les thèses en présence
était à peu près égale, jusqu'au moment où le bavard à l'esprit retors,
le démagogue au verbe charmeur,
le fils de Laërte, persuade l'armée
de ne pas repousser le plus brave des Danaens
pour une victime servile,
et d'éviter que l'un des morts n'aille dire
devant Perséphone
que les Danaens, ingrats aux Danaens
disparus pour le salut des Grecs,
ont quitté les plaines de Troie.
Ulysse va venir dans un instant
pour arracher la pouliche de ton sein,
la pousser loin de ton vieux bras.
Allons, va aux temples, va aux autels,
assieds-toi en suppliante, en tenant les genoux d'Agamemnon,
convoque les dieux, ceux du ciel
et ceux qui sont sous terre.
Car ou bien tes prières te préserveront
de perdre ta malheureuse enfant,
ou bien il te faut voir la jeune fille s'effondrer devant le tombeau,
s'empourprant du sang jailli
de son cou chargé d'or
en un flot aux sombres reflets.

---

11. Acamas et Démophon. Homère ne parle pas de leur participation à la guerre de Troie.

PREMIER ÉPISODE

Scène 1 : Hécube[12] (v. 154-176)

HÉCUBE

Ah, infortunée ! Que puis-je donc faire entendre ?
Quel cri, quelle lamentation ?
Misérable victime d'une misérable vieillesse,
d'une servitude invivable,
insupportable ! Hélas !
Qui est là pour me défendre ? Quelle famille,
quelle cité ? Disparu, le vieillard !
Disparus, les enfants !
Quelle route suivre, celle-ci ?
celle-là ? Où m'élancer ? Où trouver un dieu,
une divinité pour me secourir ?
Ô vous, porteuses de maux,
Troyennes, porteuses de maux douloureux,
vous m'avez tuée, oui, tuée. Pour moi il n'y a plus de charme
à vivre à la lumière du jour.
Ah, malheureux pied, mène-moi,
mène la vieille que je suis
vers cette demeure. Ô mon enfant, ô toi la fille
de la plus infortunée des mères, sors, sors
de la maison, écoute la voix de ta mère,
ô mon enfant, afin d'apprendre quelle rumeur, ah, quelle rumeur
j'entends concernant ta vie !

Polyxène entre par la porte centrale de la *skènè*.

Scène 2 : Hécube, Polyxène (v. 177-215)

POLYXÈNE

Ah !
mère, mère, pourquoi cries-tu ? De quelle nouvelle
es-tu la messagère, toi qui m'as fait sortir de la maison comme un oiseau
paralysé d'effroi par ton cri ?

12. Les épisodes peuvent comprendre des parties chantées : un personnage se met à chanter, seul (monodie) ou en duo (*kommos*), pour exprimer son émotion.

HÉCUBE
Hélas, mon enfant !

POLYXÈNE
Pourquoi cet accueil de mauvais augure ? Ce début ne m'annonce rien de bon.

HÉCUBE
Hélas pour ta vie !

POLYXÈNE
Explique-toi, ne dissimule pas plus longtemps !
J'ai peur, j'ai peur, mère,
pourquoi donc gémis-tu ?

HÉCUBE
Ah, mon enfant ! enfant d'une mère infortunée !

POLYXÈNE
Que veux-tu m'annoncer là ?

HÉCUBE
T'égorger ! Voilà où tend d'une ardeur unanime
la décision des Achéens ! Sur la tombe
du fils de Pélée !

POLYXÈNE
Ah, mère ! comment peux-tu proférer
ces maux éouvantables ? Révèle-le moi,
révèle-le, mère !

HÉCUBE
Je répète, ma fille, un message maudit...
On annonce que, par un vote des Achéens,
on a décidé de ta vie, pauvre de moi !

POLYXÈNE
Ô victime d'un sort cruel, ô toi qui as connu toutes les épreuves,
ô mère, dans ta malheureuse vie,
quel outrage, quel outrage nouveau, suprêmement
odieux, indicible,
a contre toi fait naître une divinité !
C'est fini ! c'est donc fini ! Ta fille que voici
ne partagera pas avec ta vieillesse infortunée
l'infortune de l'esclavage.
Moi, ton enfant, comme une génisse des montagnes,
moi ton enfant infortunée,
infortunée tu me verras
arrachée à ton bras,
et, la gorge tranchée, envoyée en bas chez Hadès,

dans les ténèbres souterraines, là où parmi les morts
je resterai misérablement étendue.
Et si pour toi, mère, je pleure ton malheur
en lamentations plaintives,
sur ma vie à moi, qui n'est qu'outrage et ignominie,
je ne verse pas une larme de regret ; la mort
est un malheur préférable pour moi.

PREMIER ÉPISODE

Scène 3 : le chœur, Hécube, Polyxène, Ulysse (v. 216-443)

LE CHŒUR
Voici qu'Ulysse arrive en pressant le pas,
Hécube, pour te signifier quelque nouvelle.

Entre Ulysse.

ULYSSE
Femme, je crois que tu connais la décision de l'armée
et le vote qui a été décrété. Néanmoins je vais te l'exposer.
Il a été décidé par les Achéens d'égorger ta fille Polyxène
près du tertre dressé de la tombe d'Achille.
À nous, ils assignent la charge d'escorter et de conduire
la jeune fille ; comme président
et comme prêtre de ce sacrifice, c'est le fils d'Achille qui a été désigné.
Donc, sais-tu ce que tu dois faire ? Ne te laisse pas arracher à elle par la force,
n'en viens pas aux mains avec moi.
Mesure les moyens dont tu disposes face à tes maux présents.
Il est sage, même dans les malheurs, d'avoir les sentiments qui conviennent.

HÉCUBE
Ah ! Il est venu, semble-t-il, l'affrontement crucial,
plein de gémissements, et de larmes non exempt !
Moi, je ne suis pas morte au moment où j'aurais dû mourir,
et Zeus, au lieu de me tuer, m'a conservée en vie pour que je voie
mes maux surpassés par d'autres maux plus grands, infortunée !
Mais est-il possible à des esclaves d'interroger des gens libres
sans les blesser ni mordre leur cœur ?
À toi de le dire,
et à nous d'écouter les réponses à nos questions.

ULYSSE
C'est possible. Interroge : je ne te mesure pas le temps.

HÉCUBE
Te rappelles-tu le jour où tu es venu en espion à Troie ?
Des haillons te rendaient méconnaissable ; et de tes yeux
des gouttes de sang ruisselaient jusque sur ton menton[13].

ULYSSE
Oui, car elle n'est pas superficielle, l'impression superficielle que mon cœur en a gardée.

HÉCUBE
Où Hélène te reconnut et te dénonça à moi seule ?

ULYSSE
Nous nous souvenons avoir couru un grand danger.

HÉCUBE
Où tu touchas mes genoux en te faisant bien humble ?

ULYSSE
Oui, au point que ma main s'engourdit à tenir ta robe.

HÉCUBE
Où je te sauvai donc et te fis sortir du pays ?

ULYSSE
Oui, c'est grâce à cela que je vois aujourd'hui la lumière du soleil.

HÉCUBE
Qu'as-tu donc dit, à ce moment où tu étais mon esclave ?

ULYSSE
J'ai trouvé bien des arguments, pour éviter la mort.

HÉCUBE
Alors, n'es-tu pas criminel en tes desseins présents ?
Quoi, alors que je t'ai traité comme tu conviens l'avoir été,
tu ne nous fais aucun bien, mais au contraire tout le mal que tu peux ?
Ingrate engeance que la vôtre, vous qui briguez les honneurs
obtenus en flattant le peuple ! Que ne puis-je être dispensée de vous connaître,
vous qui vous moquez bien de nuire à vos amis,
pourvu que vos discours plaisent à la foule !
Mais quel argument spécieux ont-ils donc imaginé là
pour formuler contre mon enfant que voilà, ce vote de mort ?
Est-ce la nécessité qui les a poussés à égorger un être humain

13. Cet exploit d'Ulysse est raconté par Hélène à Télémaque dans l'*Odyssée* (IV, 244 sqq.) ; déguisé en mendiant, Ulysse s'était introduit à Troie où il fit un grand massacre avant de rejoindre le camp achéen. Hélène, qui l'avait reconnu et hébergé, ne le trahit pas et même se réjouit de ce massacre, car elle pleurait la *folie qu'Aphrodite avait mise en [son] cœur pour l'entraîner là-bas*. Dans l'*Odyssée*, Hélène ne dénonce pas Ulysse à Hécube.

sur une tombe, là où il conviendrait plutôt de sacrifier des bœufs ?
Ou bien si c'est Achille qui exige le meurtre de ses meurtriers,
est-il dans son droit quand il dirige contre cette enfant le coup mortel ?
Mais elle, en tout cas, ne lui a fait aucun mal !
C'est Hélène qu'il aurait dû réclamer comme victime égorgée sur son tombeau.
C'est elle qui l'a fait périr en l'amenant à Troie.
Et s'il faut que ce soit une captive de guerre qui périsse, une captive de choix,
à la beauté supérieure, cela ne nous concerne pas.
C'est la fille de Tyndare qui a la grâce la plus éclatante,
et elle vous a fait plus de tort que nous, on l'a bien vu.
Pour ce qui est du droit, voilà mes arguments pour soutenir ma cause.
Mais sur l'échange de présents que tu me dois si je te le demande,
écoute-moi. Tu as touché – tu en conviens – cette main,
cette vieille joue en tombant à mes genoux.

Elle tombe aux pieds d'Ulysse.

À mon tour, je touche aussi ta main, ta joue,
je te réclame la faveur que je t'ai accordée alors et je me fais ta suppliante :
n'arrache pas mon enfant de mes bras !
ne la tuez pas ! C'est bien assez de ceux qui sont morts.
En elle je trouve ma joie et l'oubli de mes maux ;
c'est elle qui me console en remplaçant tant de pertes,
elle est est ma cité, ma nourrice, mon bâton, le guide de ma route.
Non, les détenteurs du pouvoir ne doivent pas exercer leur pouvoir indûment
ni croire, quand ils sont heureux, que le succès leur sourira toujours.
Moi aussi je l'étais autrefois, et aujourd'hui je ne le suis plus.
L'ensemble de ma prospérité, un seul jour me l'a ravi.
Ah, par ce cher menton que je touche, respecte-moi !
aie pitié de moi ! Va trouver l'armée achéenne
pour lui remontrer qu'on attire la malveillance des dieux en massacrant des femmes,
des femmes que tout d'abord, au lieu de les tuer
en les arrachant des autels, vous aviez prises en pitié.
La loi chez vous est la même pour les personnes libres
et pour les esclaves, quand il s'agit de meurtre.
Enfin ton prestige, même s'il soutient une mauvaise cause,
sera persuasif. Car le même argument, selon qu'il vient d'hommes sans renom
ou d'hommes renommés, n'a pas la même force.

LE CHŒUR
Il n'est point de créature humaine assez inflexible
pour ne pas verser de larmes en entendant le chant
de tes lamentations et de tes longues plaintes.

Ulysse
Hécube, laisse-toi instruire, et ne va pas, dans ta colère,
considérer en ton esprit celui qui plaide une bonne cause comme ton ennemi.
Pour ma part, ta propre personne, à qui précisément je dois ma réussite,
je suis prêt à la sauver, et ce n'est pas une vaine parole.
Mais ce que j'ai conseillé devant tous, je ne le rétracterai pas :
c'est d'accorder, après la prise de Troie, au héros qui fut le premier de l'armée,
ta fille comme victime sanglante à sa demande.
Car le mal dont souffrent la plupart des cités,
c'est de permettre qu'un héros vaillant et ardent
ne remporte rien de plus que les lâches.
Achille est digne de recevoir nos honneurs, femme,
lui qui est mort si noblement pour la terre grecque, en héros.
N'est-ce pas là une honte si, l'homme que de son vivant nous tenons pour ami,
quand il est mort nous cessons de le tenir pour tel ?
Hé quoi ? Que dira-t-on dès lors, s'il se produit à nouveau
un rassemblement des troupes, une lutte contre des ennemis ?
Combattrons-nous, ou songerons-nous à préserver nos vies,
si nous constatons que le mort est privé d'honneur ?
Pour ma part en tout cas, de mon vivant, même si je disposais de peu
dans ma vie quotidienne, j'aurais tout en suffisance.
Mais mon tombeau, je voudrais qu'on le vît
entouré d'honneurs ; car c'est une faveur qui traverse le temps.
Et si tu prétends que ton sort est digne de pitié, écoute ma réfutation :
il y a chez nous des vieilles femmes, des vieillards,
qui ne sont pas moins éprouvés que toi,
de jeunes épouses veuves de héros
dont la poussière de l'Ida ici recouvre les corps.
Supporte cette épreuve. Quant à nous, si nous avons tort dans notre coutume
d'honorer les braves, nous ne serons taxés que de sottise.
Mais vous, les Barbares, continuez à ne pas aimer vos amis,
à ne pas admirer ceux qui ont eu une mort glorieuse :
cela vaudra à la Grèce le succès,
et à vous, un succès en rapport avec vos conseils !

Le chœur
Hélas ! comme l'esclave, de par sa nature, est toujours misérable !
Et comme il lui faut supporter l'insupportable, vaincu qu'il est par la force !

Hécube, qui s'est relevée, se tourne vers Polyxène.

HÉCUBE
Ma fille, mes paroles à moi sont parties dans les airs ;
vains traits que j'ai décochés en parlant de ton meurtre !
Mais toi, si tu as plus d'éloquence que ta mère,
déploie tes efforts, et comme la voix du rossignol
prends tous les tons pour ne pas perdre la vie.
Tombe pitoyablement devant Ulysse ici, saisis ses genoux,
tente de le fléchir : tu as un argument à faire valoir – lui aussi
a des enfants – pour qu'il prenne ton sort en pitié.

Polyxène s'avance vers Ulysse qui détourne la tête.

POLYXÈNE
Je te vois, Ulysse, cacher ta main droite
sous ton manteau et détourner la tête,
de peur que je ne touche ton menton.
Rassure-toi : tu as échappé à mon Zeus suppliant[14].
Car je vais te suivre, à la fois parce qu'il le faut
et parce que je désire mourir. Si je n'y consens pas,
j'aurai l'air d'une femme lâche, attachée à la vie.
Pourquoi vivre, en effet ? Mon père était prince
de tous les Phrygiens ; voilà ce que fut d'abord ma vie.
Ensuite, je fus nourrie par de belles espérances,
épouse promise à des princes, et l'émulation pour m'obtenir en mariage
n'était pas mince entre eux, à qui m'emmènerait dans sa demeure et son foyer !
J'étais souveraine, pauvre infortunée, des femmes de l'Ida,
j'attirais les regards parmi les jeunes filles,
je ressemblais aux divinités, à part seulement ma condition mortelle.
Et maintenant, je suis esclave. Ce nom, d'abord,
me rend la mort aimable, car je n'y suis pas habituée.
Ensuite, c'est peut-être sur un maître à l'esprit cruel
que je vais tomber, qui m'achètera pour de l'argent,
moi, la sœur d'Hector et de tant d'autres !
Il m'imposera l'obligation de moudre le blé dans son palais,
me contraindra à balayer la maison, à rester debout devant le métier à tisser,
à passer le jour dans la douleur.
Quant à ma couche, c'est un esclave acheté n'importe où
qui viendra la souiller, cette couche jadis jugée digne de rois.
Non ! le regard que je lance ici, je le rends libre

14. La supplication met le suppliant sous la protection de Zeus qui se charge de tirer vengeance de ceux qui ne respectent pas le suppliant.

en livrant mon corps à Hadès.
Emmène-moi donc, Ulysse, emmène-moi et achève-moi ;
car espérer, croire qu'un jour je doive connaître le succès,
je ne vois rien près de moi qui m'en donne l'audace.
Et toi, mère, ne mets pas d'obstacle à ma résolution
par une parole ou par un geste ; souhaite avec moi que je meure
avant de connaître un traitement indigne de mon mérite.
Celui qui n'est pas habitué à goûter le malheur
supporte sans doute de placer son cou sous le joug, mais il en souffre.
Mort, il aurait un bien meilleur sort que vivant ;
car vivre sans honneur est une grande épreuve[15].

LE CHŒUR
Elle est prodigieusement nette chez les mortels,
la marque imprimée par une noble origine ! Et ceux qui s'en montrent dignes
augmentent encore le renom de leur naissance.

HÉCUBE
Tu as parlé noblement, ma fille ; mais à la noblesse
s'attache le chagrin. Si vraiment il vous[16] faut, Ulysse, vous acquitter
d'une dette de reconnaissance envers le fils de Pélée pour échapper au blâme,
ne la tuez pas, elle,
mais emmenez-moi près du bûcher d'Achille
et percez-moi, ne m'épargnez pas ! Moi, je suis la mère de Pâris,
celui qui a fait périr le fils de Thétis en le frappant de ses traits.

ULYSSE
Ce n'est pas ta mort, vieille femme, que l'ombre d'Achille
a réclamée aux Achéens ; c'est sa mort à elle.

HÉCUBE
Hé bien alors, vous, au moins, égorgez-moi avec ma fille !
et double sera le breuvage de sang
pour la terre et pour le mort qui le demande.

ULYSSE
Il suffit de la mort de ta fille ; il ne faut pas ajouter
une mort à une autre. Que ne pouvons-nous, même, éviter celle-ci !

HÉCUBE
Si, la nécessité exige que je meure avec ma fille.

ULYSSE
Comment, exige ? Je n'ai pas de maître, que je sache.

---

15. Ces quatre vers sont cités, avec d'autres maximes tirées de la même scène, dans le *Florilège* de Stobée (VIe siècle après J.-C.), ce qui prouve indirectement le succès de cette scène.
16. Vous, c'est-à-dire *vous les Achéens*.

HÉCUBE
Comme le lierre au chêne, je m'attacherai à elle.

Elle étreint Polyxène.

ULYSSE
Non, si du moins tu écoutes ceux qui sont plus sages que toi.

HÉCUBE
Sache que, de mon plein gré, je ne lâcherai pas cette enfant.

ULYSSE
Hé bien, moi non plus, je ne m'en irai pas en la laissant ici.

POLYXÈNE
Mère, écoute-moi ! Et toi, fils de Laërte,
relâche ta rigueur devant des parents dont la colère est si naturelle !
Toi, malheureuse, ne cherche pas à lutter contre les puissants !
Veux-tu tomber sur le sol et blesser ton vieux corps
en étant brutalement bousculée,
et dans une posture inconvenante, être dépouillée par un jeune bras[17] ?
C'est ce qui va t'arriver. Ah non ! ne fais pas cela, ce n'est pas digne de toi !
Allons, mère bien-aimée, donne-moi ta main si douce
et ta joue à presser contre ma joue. Car jamais plus je ne verrai
– c'est aujourd'hui la toute dernière fois –
les rayons et le cercle du soleil.
Tu reçois maintenant mes ultimes paroles.
Ô mère, ô toi qui m'as enfantée, je m'en vais maintenant sous la terre...

HÉCUBE
Et nous, ma fille, à la lumière du jour, nous serons une esclave !

POLYXÈNE
privée d'époux, privée d'hymen alors qu'ils m'étaient dus...

HÉCUBE
Pauvre enfant, et moi femme infortunée !

POLYXÈNE
et je serai là-bas, chez Hadès, privée de toi !

HÉCUBE
Hélas ! que faire ? où terminer ma vie ?

POLYXÈNE
Je vais mourir esclave, moi qui étais née d'un père libre !

17. Racine a imité ce passage dans *Iphigénie*, V, 3.

HÉCUBE
Et nous, nous serons privée de nos cinquante enfants[18] !

POLYXÈNE
Que dois-je dire pour toi à Hector ou à ton vieil époux ?

HÉCUBE
Dis-leur que de toutes les femmes, la plus infortunée, c'est moi !

POLYXÈNE
Ô poitrine, ô seins qui m'avez nourrie avec douceur !

HÉCUBE
Ô coup d'un sort prématuré, ma fille, infortuné !

POLYXÈNE
Sois heureuse, mère, heureuse aussi, Cassandre, c'est mon vœu...

HÉCUBE
Heureux, d'autres le sont ; mais pour ta mère, c'est impossible.

POLYXÈNE
ainsi que toi qui es chez les Thraces amateurs de chevaux, mon frère Polydore !

HÉCUBE
Si du moins il vit. Mais j'en doute, tant mon malheur est total.

POLYXÈNE
Il vit, et à ta mort il fermera tes yeux.

HÉCUBE
Moi ? je suis morte, avant de mourir, morte de mes maux !

POLYXÈNE
Emmène-moi, Ulysse, et rabats mon voile sur ma tête ;
car avant le sacrifice, j'ai le cœur amolli par les lamentations de ma mère,
et j'amollis le sien par mes gémissements.
Ô lumière ! oui, je peux te saluer par ton nom,
mais pour jouir de toi, je n'aurai que l'instant
où je marcherai entre l'épée et le bûcher d'Achille !

Polyxène sort avec Ulysse. Hécube s'affaisse sur le sol.

HÉCUBE
Ah, malheureuse, je défaille ! mon corps se dérobe.
ô ma fille, touche ta mère, tends la main,
donne ! ne me laisse pas sans enfants ! Je succombe, mes amies !

18. Priam a bien eu cinquante enfants, mais dix-neuf seulement (!) étaient d'Hécube (*Il.*, XXIV, 496).

Puissè-je voir dans le même état la Laconienne, la sœur des deux Dioscures,
Hélène ! à cause de ses beaux yeux, hélas[19],
elle a ignominieusement ruiné l'heureuse cité de Troie !

PREMIER *STASIMON*[20] (v. 444-483)

Brise, brise marine,
toi qui entraînes sur la houle du large
les prompts esquifs coureurs des mers
où me mèneras-tu, misérable passagère ?
Chez quel maître, dans quelle maison,
acquise comme esclave, vais-je arriver ?
Me mèneras-tu vers le port de la terre dorienne ?
ou bien vers celui de la terre de Phtie, là où, dit-on,
le père des eaux si pures,
l'Apidane[21]*, féconde les plaines ?*

Ou bien emportée vers un port des îles,
infortunée, par la rame marine,
mènerai-je dans la maison une misérable existence,
là où, pour la première fois,
le palmier et le laurier firent pousser leurs rameaux sacrés
comme offrande à Létô bien-aimée
pour la naissance du fruit de Zeus[22] *?*
Et, avec les jeunes filles déliennes,
irai-je célébrer le bandeau d'or
et l'arc de la déesse Artémis ?

Ou bien vais-je habiter dans la cité de Pallas
de la déesse au beau char,
et sur le péplos jaune safran,
vais-je atteler les coursiers
en de savants motifs

19. On a tenté de donner un équivalent approximatif du jeu de mots grec sur le nom d'Hélène ('Ελένη) et le verbe εἷλε.

20. Ce premier stasimon intervient après une scène exceptionnellement longue. Pendant ce chant est censé s'accomplir le sacrifice de Polyxène, tandis qu'Hécube reste en scène, prostrée au sol.

21. L'Apidane est une rivière de la Phtie, le pays dAchille.

22. Il s'agit de l'île de Délos, où Létô vint accoucher d'Apollon et d'Artémis. Le palmier et le laurier sont les deux arbres qui composent le paysage mythologique traditionnel de Délos.

sur les fils aux tons fleuris de mon métier à tisser[23],
ou représenter la race des Titans
que Zeus, le fils de Cronos, endort
de son foudre à la double flamme ?

Hélas sur mes enfants,
hélas sur mes ancêtres, sur mon pays
qui s'écroule, envahi
par la fumée, pris à la lance
par les Argiens ; moi désormais,
dans un pays étranger je porte le nom d'esclave ;
j'ai quitté l'Asie,
je l'ai échangée
pour l'Europe, demeure d'Hadès !

Entre Talthybios.

DEUXIÈME ÉPISODE

Scène unique : Hécube, Talthybios, le chœur (v. 484-626)

Talthybios
Celle qui jadis était la reine d'Ilion,
Hécube, où puis-je la trouver, jeunes femmes de Troie ?

Le chœur
La voici près de toi, le dos à terre, Talthybios ;
elle gît enfermée dans son manteau.

Talthybios
Ô Zeus ! Que dois-je dire ? Que tu jettes les yeux sur les hommes ?
ou que c'est une vaine croyance qui t'a fait ce renom illusoire,
[une croyance mensongère des hommes à l'existence des dieux,]
alors que le hasard seul veille sur toutes les affaires des mortels ?
Cette femme que voici n'était-elle pas la reine des Phrygiens riches en or ?
N'était-elle pas l'épouse du si puissant Priam ?
Et maintenant sa cité tout entière est dépeuplée par la lance,
tandis qu'elle-même, esclave, vieille, privée de ses enfants, gît sur le sol,
souillant de poussière sa tête infortunée.

---

23. Lors des grandes Panathénées, un *péplos* tissé par quatre jeunes Athéniennes de noble famille était solennellement apporté à l'Érechteion pour en revêtir l'antique statue de bois d'Athéna ; on y voyait notamment représenté le combat des dieux contre les Titans.

Hélas ! hélas ! Je suis un vieillard ; cependant puissè-je mourir
avant de tomber dans quelque malheur ignominieux !
Lève-toi, infortunée,
redresse tes flancs et ta tête toute blanche !

HÉCUBE
Ah, qui est cet homme qui ne laisse pas mon corps tranquille ?
Pourquoi, qui que tu sois, me déranges-tu en mon chagrin ?

TALTHYBIOS
Je suis Talthybios, je suis venu en serviteur des fils de Danaos ;
Agamemnon m'envoie te chercher, femme.

Hécube se relève.

HÉCUBE
Ô très cher ami, est-ce que, moi aussi, les Grecs ont décidé de m'égorger
sur le tombeau ? C'est pour cela que tu es venu ? Ah, tes paroles me seraient chères !
Hâtons-nous ! pressons-nous ! conduis-moi, vieillard !

TALTHYBIOS
C'est pour ta fille morte, pour que tu l'ensevelisses, femme,
que je suis venu te chercher ; je suis envoyé
par les deux fils d'Atrée et l'armée achéenne.

HÉCUBE
Hélas ! que veux-tu dire ? Ce n'est donc pas pour mourir
que tu es venu nous chercher, mais pour nous signifier des malheurs ?
Tu es morte, mon enfant, arrachée à ta mère ; et nous,
nous sommes sans enfant, pour ce qui est de toi. Ah, malheureuse que je suis !
Comment donc l'avez-vous exécutée ? Est-ce avec respect ?
Ou avez-vous atteint l'horreur, vieillard, en la tuant
comme une ennemie ? Parle, si peu désiré que soit le récit que tu vas faire !

TALTHYBIOS
Ce que je gagnerai à accéder à ta demande, femme, c'est de verser deux fois
des larmes de pitié pour ta fille. Car maintenant, au récit de ses malheurs,
je vais baigner mes yeux de larmes, comme alors à sa mort près du tombeau.
Toute la foule de l'armée achéenne était là,
au complet, près du tombeau, pour le sacrifice de ta fille.
Prenant Polyxène par la main, le fils d'Achille
la plaça debout au sommet du tertre. Moi j'étais tout près.
Des jeunes gens choisis et triés parmi les Achéens
pour contenir de leurs mains les bonds de ta jeune enfant
suivirent. Prenant dans ses mains une coupe pleine

en or massif, le fils d'Achille la lève de sa main ;
elle contenait les libations pour son père mort. Il me signifie
de proclamer à toute l'armée l'ordre de se taire.
Et moi, debout au milieu de la foule, je prononçai ces mots :
« Faites silence, Achéens ! Que toute l'armée fasse silence !
Silence ! Pas un mot ! » Je fis régner le calme dans la foule.
Lui alors s'écria : « Ô fils de Pélée, mon père !
reçois de ma part ces libations, qui charment
et attirent les morts. Viens boire le sang noir
et pur de la jeune fille que nous t'offrons,
l'armée et moi. Sois-nous favorable,
et accorde-nous à la fois de délier les poupes et les amarres
de nos navires, et, par un retour favorable d'Ilion,
de revenir tous dans notre patrie ! »
Voilà ce qu'il dit ; et l'armée tout entière se joignit à sa prière.
Alors, il saisit par la poignée le glaive recouvert d'or
et le tira du fourreau ; d'un signe de tête, il ordonna aux jeunes gens
choisis parmi les Argiens de saisir la jeune fille.
Mais elle, quand elle s'en aperçut, proféra ces paroles :
« Argiens qui avez ravagé ma cité,
c'est volontairement que je meurs. Que personne ne touche mon corps ;
car je présenterai ma gorge avec courage.
Pour que je meure libre, au nom des dieux, laissez-moi libre
en me tuant. Car à l'idée d'être appelée esclave chez les morts,
moi qui suis de race royale, je suis prise de honte. »
L'armée d'un grondement l'approuva, et le prince Agamemnon
dit aux jeunes gens de lâcher la jeune fille.
[Eux, dès qu'ils entendirent les derniers mots de celui
qui détenait le pouvoir suprême, ils la lâchèrent.]
Et elle, quand elle eut entendu ces paroles du maître,
prenant sa robe, elle la déchira depuis le haut de l'épaule
jusqu'au milieu des flancs près du nombril,
et dévoila ses seins et sa poitrine pareils à ceux d'une statue,
d'une parfaite beauté ; et posant un genou en terre
elle prononça les paroles les plus courageuses qu'on ait jamais entendues :
« Voilà, si c'est ma poitrine, jeune homme,
que tu veux frapper, frappe-la ; et si c'est la base du cou que tu cherches,
voici ma gorge tournée comme il faut[24]. »
Et lui, qui voulait sans vouloir par pitié pour la jeune fille,
tranche de son fer les passages du souffle.

24. En principe, tournée vers le bas, puisqu'il s'agit d'un sacrifice chtonien.

Une source de sang en jaillit. Mais elle, quoiqu'expirante,
avait grand souci de tomber avec décence,
en cachant ce qu'il faut cacher aux yeux des mâles.
Quand elle eut rendu le souffle sous le coup mortel,
aucun des Achéens ne se consacrait à la même tâche :
les uns, de leur main, jetaient sur la morte
des feuillages, d'autres remplissaient le bûcher
de bûches de pin qu'ils apportaient ; et celui qui n'apportait rien
se faisait ainsi insulter de celui qui apportait :
« Tu restes planté là, dernier des scélérats, en n'ayant dans les mains
ni robe ni parure pour la jeune fille ?
Veux-tu bien aller donner quelque offrande à ce courage exceptionnel,
à cette âme d'élite ! » Quand je fais un pareil récit
sur la mort de ta fille, tu es à mes yeux, de toutes les femmes,
celle qui possède l'enfant le plus généreux et le sort le plus malheureux.

Le chœur
Elle est terrible, la calamité qui a débordé là en bouillonnant
sur les Priamides et sur ma cité, la calamité inévitable[25] venue des dieux.

Hécube
Ô ma fille, je ne sais vers lequel de mes maux tourner mon regard,
tant ils sont nombreux autour de moi. Si je m'attache à l'un,
celui-ci ne me lâche plus, mais en voilà un autre qui m'appelle à son tour,
venant d'ailleurs, malheur qui prend la succession du malheur précédent.
Et maintenant c'est ton épreuve que je ne saurais effacer de mon esprit
au point de retenir mes gémissements.
En revanche, tu m'as épargné l'excès de chagrin par la nouvelle
de ta noble conduite. N'est-ce pas une étrange contradiction ? Une mauvaise terre,
si elle obtient du ciel ce qu'il faut, porte de beaux épis,
tandis qu'une bonne terre, si elle manque de ce qu'il lui faudrait obtenir,
donne une mauvaise récolte. Et chez les mortels en revanche, invariablement,
le méchant ne saurait être que mauvais,
et le vertueux vertueux, sans que sous l'effet du malheur
il corrompe sa nature : il reste bon, invariablement.
Est-ce l'hérédité qui triomphe ou bien l'éducation ?
Sans doute, dans une certaine mesure, une bonne éducation
comporte l'enseignement de la vertu. Qui a bien appris cet enseignement
sait reconnaître ce qui est mal, grâce au critère du bien.
– Mais voilà des pensées que mon esprit décoche en vain.

25. On suit ici le texte des manuscrits qui donnent ἀναγκαῖον et non ἀνάγκαισιν.

À Talthybios :

Toi, va rapporter ce message aux Argiens :
que personne ne touche à ma fille, qu'on écarte la foule
de mon enfant. Assurément, dans une armée innombrable,
la foule est sans retenue, et l'indiscipline des marins
est plus puissante que le feu : mauvais est celui qui n'y fait pas le mal[26].

Talthybios sort. S'adressant à une captive :

Toi de ton côté, prends un vase, vieille servante,
plonge-le dans l'eau de mer et apporte-le ici
pour que je donne un bain ultime à ma fille,
épousée sans être une épousée, vierge sans être vierge,
et pour que je puisse exposer son corps[27], non selon son mérite (où trouver
[les moyens ?
c'est impossible !), mais selon mon état (qu'y puis-je ?)
et en rassemblant des parures quêtées auprès des captives
qui habitent à mes côtés à l'intérieur de cette baraque,
ce qu'elles ont pu, à l'insu de leurs nouveaux maîtres,
dérober à leurs propres demeures.
Ô splendeur de ma demeure, ô palais autrefois prospère,
ô toi qui possédais tant de trésors si magnifiques, Priam,
père de si nobles enfants, et moi qui suis là, la vieille mère de ces enfants,
à quel néant nous sommes venus, dépouillés
de notre orgueil d'antan. Et après cela, nous nous enflons d'orgueil,
l'un pour la richesse de son palais,
l'autre parce que chez ses concitoyens son nom est honoré.
Tout cela, c'est le néant. Absurdes sont les projets de notre esprit,
les vantardises de notre langue. Celui-là est le plus heureux
à qui, dans le cours de sa journée, n'arrive aucun dommage.

Hécube rentre dans la *skènè*.

26. On peut comprendre cette phrase de deux façons : soit *y passe pour mauvais qui ne fait pas le mal* (traduction de Louis Méridier, qui sous-entend νομίζεται), soit *méchant est celui qui n'accomplit pas le mal* (c'est-à-dire que, dans cette foule, même ceux qui ne font pas le mal sont mauvais ; on sous-entend alors ἐστι).

27. Il s'agit du rite bien connu de la πρόθεσις : exposition du mort à la vue de tous, avec les offrandes.

DEUXIÈME *STASIMON* (v. 629-656)

Sur moi il fallait que le malheur,
sur moi il fallait que la douleur s'abatte,
du premier jour où Alexandre[28]
coupa le sapin de l'Ida
pour cingler sur la houle marine
vers la couche d'Hélène,
la plus belle des femmes que de ses rayons d'or
éclaire le Soleil.

Oui, les épreuves et les nécessités,
plus fortes que les épreuves, accomplissent leur révolution.
Commun à tous, né de la folie d'un seul,
un mal est venu pour la terre du Simoïs[29]*,*
porteur de mort, avec le malheur apporté par d'autres.
Elle a été jugée, la querelle, sur l'Ida,
entre les trois filles des Bienheureux,
dont le juge fut un bouvier[30]*, qui trancha*

dans le sens de la guerre, du massacre, du ravage de mon foyer.
Mais il y a aussi, sur les bords de l'Eurotas au beau cours,
une jeune femme de Laconie qui gémit dans sa demeure en versant bien des larmes,
et une mère qui sur sa tête grise,
pleurant ses enfants morts,
abat sa main et lacère sa joue,
teignant son ongle de sang à force de la déchirer.

Entre la vieille servante qu'Hécube avait envoyée puiser de l'eau de mer pour laver le cadavre de Polyxène ; elle est suivie de deux figurants portant sur une civière un corps recouvert d'un drap.

28. Autre nom de Pâris.

29. Fleuve de Troade.

30. Allusion à la querelle entre les trois déesses Héra, Aphrodite et Athéna qui demandèrent à Pâris, alors qu'il gardait ses troupeaux sur le mont Ida, de dire quelle était la plus belle d'entre elles. Il choisit Aphrodite, qui lui avait promis, si elle était désignée, de lui donner en récompense l'amour de la plus belle des mortelles.

TROISIÈME ÉPISODE

Scène 1 : Hécube, une servante, le chœur (v. 628-755)

La servante
Femmes, où est donc Hécube la tant éprouvée,
elle qui l'emporte sur tout homme, sur toute créature féminine
pour les malheurs ? Personne ne lui en ravira la couronne !

Le chœur
Qu'y a-t-il, malheureuse au cri de mauvais augure ?
Jamais ne dorment chez toi les nouvelles affligeantes !

La servante
J'apporte ici à Hécube un sujet de douleur ; et quand il s'agit de malheurs,
il n'est pas facile aux gens de prononcer des mots de bon augure.

Le chœur
Tiens, justement la voici qui sort de la maison ;
elle apparaît à propos pour entendre tes paroles.

Hécube sort de la *skènè*.

La servante
Ô pauvre victime de toutes les infortunes, et plus encore que je ne le dis,
maîtresse, tu es morte, tu ne vois plus la lumière,
tu n'as plus d'enfants, plus d'époux, plus de cité, ta perte est totale !

Hécube
Tu ne dis rien de neuf ; tes outrages ne m'apprennent rien.
Mais pourquoi viens-tu ici m'apporter le cadavre de Polyxène
dont la sépulture, m'avait-on annoncé,
est l'objet de soins empressés des mains achéennes ?

La servante
Cette femme ne sait rien, je le vois ; elle pleure Polyxène,
sans saisir ses nouveaux malheurs.

Hécube
Hélas, infortunée ! Serait-ce par hasard le corps
de Cassandre, la prophétesse inspirée, que tu apportes ici ?

La servante
Elle est vivante, celle dont tu parles ; mais le mort, celui-là,
ce n'est pas sur lui que tu pleures ! Allons, dévoile le cadavre, regarde-le bien !
Vois s'il ne t'apparaît pas comme un prodige, totalement inattendu !

Hécube
Hélas ! Je vois donc mon fils mort,
Polydore, que préservait pour moi l'homme de Thrace en sa demeure !
Je me meurs, malheureuse, je n'existe plus !
Ah, mon enfant, mon enfant,
hélas, je prélude aux lamentations,
aux chants frénétiques que m'inspire l'annonce nouvelle des malheurs
causés par un génie vengeur.

La servante
Alors, tu comprends le désastre de ton fils, malheureuse ?

Hécube
Incroyable, incroyable ! inouï, inouï ce que je vois !
L'un après l'autre, les malheurs succèdent aux malheurs.
Jamais un jour ne s'écoulera
sans gémissements, sans larmes !

Le chœur
Terribles, infortunée, terribles sont nos malheurs.

Hécube
Ô mon enfant, enfant d'une mère infortunée,
à quelle mort as-tu succombé ?
Par quel coup du sort es-tu étendu là ?
Quel homme en est l'auteur ?

La servante
Je ne sais. Je viens de le trouver sur la côte marine.

Hécube
Était-il rejeté par la mer ou abattu par une lance ensanglantée
sur le sable lisse ?

La servante
C'est le flot de la mer qui a rendu son corps.

Hécube
Hélas ! Ah ! ah ! Je comprends la vision apparue à mes yeux
pendant mon sommeil ! Je n'ai pas oublié
le fantôme à l'aile noire,
la vision que j'ai eue sur toi,
mon enfant : tu n'étais plus à la lumière de Zeus.

Le chœur
Qui donc l'a tué ? Peux-tu l'expliquer d'après ton rêve ?

Hécube
C'est mon hôte, oui, mon hôte, le cavalier thrace,
là où son vieux père l'avait placé en cachette.

Le chœur
Hélas, que veux-tu dire ? Pour avoir son or en le tuant ?

Hécube
Acte indicible, innommable, qui dépasse tout prodige,
impie, intolérable ! Où est le droit des hôtes ?
Malédiction sur toi ! Comme tu as dépecé sa chair,
en coupant avec le fer de l'épée
le corps de cet enfant, sans avoir pitié !

Le chœur
Malheureuse ! comme il a fait de toi la plus éprouvée des mortels,
le dieu, quel qu'il soit, qui t'accable !
Mais je vois ici notre maître en personne,
Agamemnon. Taisons ce qui se passe ici, mes amies !

Agamemnon entre par la *parodos*.

TROISIÈME ÉPISODE

Scène 2 : Hécube, Agamemnon (v. 726-904)

Agamemnon
Hécube, pourquoi tardes-tu à venir ensevelir ta fille dans le tombeau,
puisque, aux termes de ce que m'a rapporté Talthybios,
tu interdis qu'aucun Argien touche ta fille ?
Nous donc nous la laissons sans y porter la main ;
mais toi tu tardes, ce qui m'étonne.
Je suis venu pour te faire mettre en route. Car là-bas,
les choses sont bien achevées-si l'on peut dire « bien » pour ces choses-là.
Hé là ! Quel est cet homme que je vois ici près du camp[31],
ce mort ? Est-ce un Troyen ? oui, car ce n'est pas un Argien
que m'annonce la robe[32] qui enveloppe son corps.

Hécube *(à part)*
Infortunée que tu es – en disant « tu » je veux dire moi-même –,
infortunée Hécube, que dois-je faire ? Dois-je tomber aux genoux
d'Agamemnon que voici, ou supporter en silence mes malheurs ?

---

31. Arrivant par la *parodos*, Agamemnon n'a pas vu tout de suite le cadavre, placé près de la *skènè*.

32. Le *peplos* est une robe soit de femme, soit de Barbare.

AGAMEMNON
Pourquoi gémis-tu en tournant le dos à mon visage
au lieu de me dire ce qui s'est passé ? Qui est cet homme ?

HÉCUBE *(toujours à part)*
Mais si, me tenant pour une esclave et une ennemie,
il me repoussait de ses genoux, ce serait une douleur de plus !

AGAMEMNON
Je ne suis pas devin pour pouvoir, sans t'entendre,
connaître le chemin suivi par tes desseins.

HÉCUBE *(toujours à part)*
Est-ce que mes calculs ne supposent pas trop de malveillance
au caractère de cet homme, alors qu'en fait il n'est pas malveillant ?

AGAMEMNON
Si vraiment tu veux que je ne sache rien de cette affaire,
nous sommes d'accord : moi non plus je ne veux rien entendre !

Il fait mine de partir.

HÉCUBE *(toujours à part)*
Sans l'aide de cet homme, il m'est impossible
de venger mon enfant. À quoi bon retourner ces pensées ?
Il faut oser, que je réussisse ou non.

Elle se retourne et se jette aux pieds d'Agamemnon
dans la posture du suppliant.

Agamemnon, je te supplie par tes genoux
par ton menton, et par ta main droite fortunée.

AGAMEMNON
Que désires-tu ? Veux-tu par hasard libérer ta vie ?
Cela t'est facile[33].

HÉCUBE
Ah, non ! pourvu que je châtie les criminels,
je veux bien être esclave toute ma vie !

AGAMEMNON
Mais alors, quel secours demandes-tu de nous ?

---

33. Ce vers peut s'interpréter de deux façons : soit comme une invitation au suicide (mais cette hypothèse est peu compatible avec la déférence qu'Agamemnon marque par ailleurs à la vieille reine), soit comme une invitation à solliciter sa liberté ; la réplique d'Hécube semble favoriser cette interprétation.

Hécube
Ce n'est rien de ce que tu peux imaginer, ô roi.
Tu vois ce cadavre, sur lequel je verse des larmes ?

Agamemnon
Je vois ; mais je ne puis comprendre la suite.

Hécube
Celui-là, naguère, je l'ai enfanté, je l'ai porté sous ma ceinture.

Agamemnon
C'est un de tes fils, malheureuse ? Lequel ?

Hécube
Ce n'est pas l'un des Priamides morts sous les murs d'Ilion.

Agamemnon
As-tu enfanté un autre fils que ceux-là, femme ?

Hécube
Oui, pour ne pas en jouir, semble-t-il, j'ai enfanté celui que tu vois là.

Agamemnon
Où donc se trouvait-il, quand la cité périssait ?

Hécube
Son père l'avait envoyé à l'étranger, tremblant qu'il ne meure.

Agamemnon
Où l'avait-il envoyé en le séparant de ses enfants, tout seul ?

Hécube
Dans ce pays-ci, où précisément on l'a trouvé mort.

Agamemnon
Chez l'homme qui commande cette terre, Polymestor ?

Hécube
C'est bien là qu'on l'a envoyé, gardien d'un or qui lui fut si amer.

Agamemnon
Qui l'a tué ? Quel fut son sort ?

Hécube
Qui d'autre aurait pu le tuer ? C'est le Thrace[34], son hôte, qui a causé sa perte.

Agamemnon
Le malheureux ! Sans doute, l'hôte a-t-il voulu s'emparer de l'or ?

Hécube
C'est cela, dès qu'il a su le malheur des Phrygiens.

---

34. La cruauté des Thraces est proverbiale dans le monde grec ; *cf.* Thucydide, VII, 29.

Agamemnon
Où l'as-tu découvert ? Qui a apporté le cadavre ?

Hécube
Cette femme, qui l'a trouvé sur le rivage de la mer.

Agamemnon
Le cherchait-elle ? ou vaquait-elle à une autre ocupation ?

Hécube
Elle allait puiser dans la mer l'eau pour baigner Polyxène.

Agamemnon
Après l'avoir tué, semble-t-il, l'hôte s'en est débarrassé.

Hécube
Oui, en l'abandonnant au flot marin, le corps mutilé comme tu le vois.

Agamemnon
Ah malheureuse femme, aux maux incommensurables !

Hécube
Je suis morte, Agamemnon, il ne me reste plus un malheur à subir.

Agamemnon
Hélas ! hélas ! Quelle femme fut aussi infortunée ?

Hécube
Il n'y en a pas, à moins que tu ne cites l'Infortune en personne.
Eh bien, les raisons qui me font tomber à tes genoux,
écoute-les. Si tu penses que j'ai subi un sort conforme aux lois divines,
je me résignerai ; mais si c'est le contraire, venge-moi
de cet homme, l'hôte le plus impie,
qui, sans craindre les dieux souterrains ni les dieux d'en haut,
a commis l'acte le plus impie.
Il avait souvent partagé chez moi la table des hôtes,
au tout premier rang de mes amis,
il avait reçu tout ce qu'il devait recevoir et bénéficié de ma sollicitude,
et il l'a tué ! Quant à la sépulture – en admettant même qu'il ait voulu le tuer –
il ne la lui a pas accordée, il l'a jeté à la mer !
Nous, nous sommes esclave, sans force, probablement.
Mais les dieux sont forts, et le principe qui les domine,
la Loi[35] ! car c'est grâce à la loi que nous croyons aux dieux,
et que, dans notre vie, la distinction est faite entre le juste et l'injuste.
La loi est venue en tes mains : si elle est anéantie,
s'il n'y a pas de châtiment pour ceux qui tuent

35. Cet éloge du *nomos* rappelle un vers célèbre de Pindare : « Le *nomos*, roi de tous les êtres, mortels et immortels. »

leurs hôtes, ou qui osent piller les sanctuaires des dieux,
il n'y a plus aucune équité dans les affaires des hommes.
Place donc ce crime au rang des infamies, respecte ma supplication !
aie pitié de moi ! À distance, comme un peintre[36],
regarde-moi et contemple le spectacle de mes maux !
J'étais reine autrefois, maintenant je suis ton esclave ;
j'avais autrefois de nobles enfants, maintenant je suis à la fois vieille et sans enfants,
privée de cité, solitaire, la plus éprouvée des mortelles.

Agamemnon se détourne.

Hélas, malheureuse ! où portes-tu tes pas pour m'éviter ?
Il me semble que je n'obtiendrai rien. Ah, malheureuse que je suis !
Ah pourquoi, nous les mortels, peinons-nous comme il faut
sur toutes les autres sciences, pourquoi les recherchons-nous,
alors que la Persuasion, qui règne seule sur les humains,
nous ne cherchons pas à en posséder plutôt la science parfaite,
en payant un maître[37] ? afin qu'il soit possible
de persuader qui on veut et d'obtenir ce qu'on veut en même temps ?
Dans ces conditions, comment espérer encore réussir ?
Les enfants que j'avais, je ne les ai plus ;
moi-même, dans des conditions ignominieuses, je pars, captive de guerre,
et je vois s'élancer dans les airs la fumée qui monte de ma cité.
Allons ! voici un argument qui peut-être sera vain :
mettre en avant Cypris[38] ; néanmoins je vais l'employer.
À tes côtés dort mon enfant,
la prophétesse d'Apollon, que les Phrygiens nomment Cassandre.
Comment montreras-tu, roi, que ces nuits te sont chères ?
Quelle reconnaissance aura ma fille pour ces caresses si chères
dans ton lit, et moi, quelle reconnaissance aurai-je d'elle[39] ?
C'est de l'ombre et des séductions nocturnes
que naît chez les mortels la reconnaissance la plus grande.
Écoute donc. Tu vois ce mort ici ?
En l'aidant, c'est ton parent par alliance que tu aideras.
Il ne me reste plus qu'une chose à dire.
Ah si seulement mes bras étaient doués de parole,

36. Comparaison unique dans le théâtre d'Euripide.

37. On songe aux sophistes qui enseignaient l'art de persuader en se faisant payer fort cher leurs leçons.

38. C'est-à-dire Aphrodite, la déesse de l'amour.

39. Cassandre a un devoir de reconnaissance envers sa mère ; par conséquent, le devoir de reconnaissance d'Agamemnon envers Cassandre s'étend à Hécube.

et mes mains, mes cheveux, mes pieds,
grâce à l'art de Dédale[40] ou d'un dieu,
pour s'attacher tous à la fois à tes genoux
en pleurant, en te pressant de discours de toutes sortes !
Ô maître ! ô lumière suprême des Grecs !
Laisse-toi convaincre, offre ton bras à la vieille femme
pour la vengeance ; même si elle n'est rien, offre-le lui tout de même !
Car le propre d'un homme noble, c'est de servir la justice
et de punir les criminels en tous lieux, en tous temps.

LE CHŒUR
Il est étrange de voir comme tout arrive aux mortels
et comme les lois déterminent les nécessités :
elles transforment en amis les pires ennemis,
et font des adversaires des hommes autrefois bienveillants.

Agamemnon relève Hécube.

AGAMEMNON
Moi, je te prends en pitié, Hécube, toi, ton enfant et tes malheurs,
et ta main suppliante.
Et je veux, par égard pour les dieux et pour la justice,
que l'hôte impie subisse ce châtiment,
si toutefois ce châtiment apparaît de nature à te satisfaire, toi,
sans que j'aie l'air, aux yeux de l'armée, d'avoir décidé par amour de Cassandre
le meurtre du roi thrace.
Car il y a un point sur lequel je suis saisi de trouble :
cet homme-là, l'armée le considère comme un ami,
et le mort, comme un ennemi. Si ce dernier est pour moi un ami,
c'est là une chose qui m'est propre et que ne partage pas l'armée.
Réfléchis à ceci : tu me vois désireux
de t'aider dans ta tâche et prompt à te secourir,
mais lent à le faire, si cela doit me valoir les accusations des Achéens.

HÉCUBE
Hélas ! parmi les mortels, il n'en est pas un qui soit libre.
ou bien l'on est esclave de l'argent, ou bien du hasard,
ou bien c'est le peuple de la cité ou les lois écrites
qui empêchent d'adapter sa conduite à ses pensées.
Mais puisque tu as peur et que tu accordes trop d'importance à la foule,
c'est moi qui vais te libérer de cette crainte.

---

40. Athénien appartenant à la famille royale de Cécrops, ancêtre et patron des artistes ; il passait pour avoir fait des statues vivantes.

Sois de connivence avec moi si je projette de châtier
le meurtrier de mon fils, mais ne sois pas mon complice dans l'exécution.
Si toutefois il apparaît que les Achéens s'agitent ou veulent intervenir
quand le Thrace subira ce qu'il doit subir,
retiens-les, sans paraître agir pour moi.
Pour le reste, n'aie crainte, je réglerai tout.

AGAMEMNON
Comment cela ? Que vas-tu faire ? Est-ce en prenant un glaive
dans ta vieille main que tu tueras le Barbare ?
Ou à l'aide de poisons ? ou grâce à quelque secours ?
Quel bras t'assistera ? Où trouveras-tu des amis ?

HÉCUBE
Les tentes que voici cachent une foule de Troyennes.

AGAMEMNON
Tu veux dire les captives, butin des Grecs ?

HÉCUBE
Avec elles, je me vengerai de mon meurtrier.

AGAMEMNON
Et comment des femmes pourraient-elles l'emporter sur des mâles ?

HÉCUBE
Redoutable est le nombre quand la ruse s'y joint.

AGAMEMNON
Redoutable, oui. Mais je n'ai pas bonne opinion du sexe féminin.

HÉCUBE
Hé quoi ? Ce ne sont pas des femmes qui ont supprimé les enfants d'Égyptos[41] ?
et qui ont entièrement dépeuplé Lemnos des mâles[42] ?
Allons, qu'il en soit ainsi : abandonne ce sujet,
et fais escorter cette femme que voici[43], je t'en prie, pour qu'elle traverse sans risque
l'armée.

S'adressant à la servante :

Et toi, va rejoindre l'hôte thrace
et dis-lui : « Celle qui fut jadis la reine d'Ilion, Hécube, te demande,

---

41. Les cinquante Danaïdes, contraintes d'épouser leurs cousins, les fils d'Égyptos, les tuèrent tous lors de la nuit de noces, sauf l'une d'entre elles qui épargna son jeune mari.

42. Les femmes de Lemnos, irritées contre leurs maris qui les délaissaient pour des captives, les tuèrent avec leurs captives ; la légende est racontée par Pindare (*Pythique*, IV et Apollonios de Rhodes, I, 609 sqq.).

43. Il s'agit probablement de la vieille servante qui a découvert le corps de Polydore.

dans ton intérêt non moins que dans le sien,
de venir avec tes enfants ; car il faut que tes enfants aussi
connaissent ses paroles. »

Elle se retourne vers Agamemnon.

Quant à la sépulture de Polyxène
qui vient d'être égorgée, retarde-la, Agamemnon,
pour que, près de la même flamme, tous deux, le frère et la sœur,
double souci pour leur mère, soient ensevelis dans la terre.

Agamemnon
Il en sera ainsi. De fait, si la navigation était possible
pour l'armée, je ne pourrais t'accorder cette faveur.
Mais en réalité, puisque la divinité n'envoie pas les souffles favorables,
force nous est d'attendre sans bouger en guettant le moment de prendre la mer.
Puisse l'affaire tourner favorablement, d'une façon ou d'une autre ! Car pour
[tout le monde,
c'est l'intérêt commun, pour chacun en particulier comme pour la cité,
que le méchant subisse un méchant sort, et que l'homme de bien soit heureux.

Agamemnon sort.

TROISIÈME *STASIMON* (v. 904-952)

Ilion, ma patrie, jamais plus tu ne seras comptée
parmi les cités ignorant le saccage :
tant est épaisse la nuée de Grecs qui te recouvre
maintenant qu'ils t'ont ravagée de leur lance, ah oui, de leur lance !
Ta tête est rasée de sa couronne de tours,
et te voilà noircie, si pitoyablement,
de la souillure de la cendre !
Infortunée !
jamais plus je ne foulerai ton sol.

C'est au cœur de la nuit[44] *que s'opéra ma perte,*
au moment où, après le repas, un doux sommeil
se répand sur les yeux ; au sortir des chants,
fatigué des danses accompagnant le sacrifice,
mon époux était étendu dans la chambre,

---

44. Cette évocation de la chute de Troie se trouve dans la *Petite Iliade*.

sa lance suspendue à la patère,
car il ne voyait plus la troupe marine
débarquée à Troie,
à Ilion[45].

Et moi, relevant mes boucles,
je les disposais dans un bandeau,
les yeux fixés sur un miroir d'or
au reflet circulaire[46],
pour me laisser tomber ensuite sur les couvertures de mon lit...
Mais une clameur s'éleva dans la ville,
une exhortation résonnait à travers la cité de Troie,
celle-ci : « Enfants des Grecs[47],
quand donc, quand mettrez-vous à sac
la citadelle troyenne
pour rentrer chez vous ? »

Quittant ma couche bien-aimée, vêtue d'une simple tunique
comme une fille dorienne[48],
j'allai m'asseoir en suppliante près de la divine Artémis
– sans rien obtenir, infortunée !
J'ai vu mon mari périr, et moi
on m'emmène sur les flots de la mer ;
et quand j'ai contemplé de loin ma ville, au moment où,
sur le chemin du retour,
le navire a pris sa course
et m'a séparée de la terre d'Ilion,
infortunée, je me suis évanouie de douleur[49],

en lançant une imprécation
sur la sœur des Dioscures, Hélène,
et sur le bouvier de l'Ida, ce Pâris maudit :
car loin de la terre de mes pères
il m'a envoyée à ma perte

---

45. Allusion à la ruse des Grecs qui feignirent d'avoir levé l'ancre pour mieux surprendre les Troyens dans leur sommeil.

46. D'autres comprennent : au reflet sans fin, éternel.

47. Souvenir du péan des Grecs, chanté par exemple à Salamine avant le combat contre les Barbares (*cf.* Eschyle, *Perses*, 402 sqq.)

48. Allusion au vêtement des jeunes filles spartiates, jugé immodeste par les Athéniens.

49. La ponctuation du texte grec est fautive : il faut remplacer, au vers 940, le point en haut par une virgule.

et m'a chassée de mon foyer, leur mariage[50] *– non pas un mariage,*
mais un fléau envoyé par un génie vengeur !
Ah, celle-là, puisse le flot marin ne jamais la ramener chez elle,
puisse-t-elle ne jamais revenir
dans la demeure paternelle !

Polymestor entre par la *parodos* de gauche,
accompagné de ses deux fils, de plusieurs gardes et de la servante.

QUATRIÈME ÉPISODE

Scène unique : Hécube, Polymestor (v. 953-1023)

POLYMESTOR
Ô le plus cher des hommes, Priam ! et toi, très chère Hécube,
je pleure en te voyant, en voyant ta cité
et ta fille qui vient de mourir[51].
Hélas !
Rien n'est sûr, ni la gloire,
ni que le succès préserve d'un échec à venir.
Ces choses-là, les dieux les mêlent en les rapprochant ou en les écartant
en désordre, afin que dans notre ignorance
nous les adorions. Mais à quoi sert de se plaindre ainsi,
puisqu'on n'avance en rien vers l'issue de ses maux ?
Pour toi, si tu me reproches mon absence,
cesse de le faire ! J'étais absent, au milieu des montagnes de Thrace,
quand tu es arrivée ici. Et quand je suis revenu,
je mettais déjà le pied hors de ma demeure
quand je suis tombé sur ta servante que voici.
Dès que j'ai entendu le message qu'elle m'apportait, je suis arrivé.

HÉCUBE
J'ai honte de te regarder en face,
Polymestor, moi qui me trouve en de pareils malheurs.
Avec un homme qui jadis m'a vue dans la prospérité,
je suis prise de honte dans la misère où je suis maintenant,
et je ne saurais le regarder droit dans les yeux.
Allons, ne va pas voir là de la froideur à ton égard,
Polymestor. Et par ailleurs, la coutume aussi en est cause,

50. On peut aussi comprendre *cette épouse* (γάμος).
51. Polymestor a dû voir sur son chemin le cadavre de Polyxène.

qui interdit aux femmes de regarder les hommes en face.

POLYMESTOR
Cela n'a rien d'étonnant. Mais quel besoin as-tu de moi ?
Pourquoi m'as-tu fait venir de chez moi ?

HÉCUBE
C'est une affaire privée dont je veux te parler,
à toi et à tes fils. Ordonne, je t'en prie, à tes gardes
de se tenir à l'écart, loin de ces abris.

POLYMESTOR

À ses gardes :

Partez ! Je peux rester seul ici sans danger.

À Hécube :

Tu es une amie, et j'ai aussi l'amitié
de l'armée achéenne[52] ici. Allons, il faudrait que tu m'indiques
ce que doit faire un homme fortuné pour aider ses amis
lorsqu'ils sont dans l'infortune ; car pour ma part j'y suis prêt.

HÉCUBE
Parle-moi d'abord de mon fils, Polydore,
que tu as reçu de ma main et de celle de son père, et que tu gardes en ta maison,
dis-moi s'il vit. Le reste, je te le demanderai en second lieu.

POLYMESTOR
Bien sûr que oui. En ce qui le concerne en tout cas, ton sort est heureux.

HÉCUBE
Ah, très cher ami ! quelle bonne parole ! comme elle est digne de toi !

POLYMESTOR
Quel est le second point que tu veux savoir de moi ?

HÉCUBE
S'il se souvient un peu de moi, sa mère.

POLYMESTOR
Oui, et même il cherchait à venir te rejoindre ici en cachette.

HÉCUBE
Et l'or est-il sain et sauf, qu'il t'a apporté en venant de Troie ?

POLYMESTOR
Sain et sauf, oui, bien gardé dans ma demeure.

---

52. Parce qu'il n'avait pas combattu aux côtés des Troyens (note du scholiaste).

HÉCUBE
Sauve-le bien, et ne convoite pas le bien du voisin !

POLYMESTOR
Bien sûr que non ! Je souhaite seulement jouir du bien qui est à moi, femme.

HÉCUBE
Sais-tu donc ce que je veux te dire, à toi et à tes enfants ?

POLYMESTOR
Je n'en sais rien ; c'est toi qui vas me l'indiquer par tes paroles.

HÉCUBE
Il existe, cher ami que j'aime aujourd'hui comme naguère…

POLYDORE
Quoi donc ? qu'est-ce que nous devons savoir, mes enfants et moi ?

HÉCUBE
d'anciens souterrains abritant l'or des Priamides.

POLYMESTOR
C'est cela que tu veux faire savoir à ton fils ?

HÉCUBE
Oui, par ton intermédiaire ; car tu es un homme pieux.

POLYMESTOR
Mais pourquoi donc fallait-il que ces enfants soient présents ?

HÉCUBE
Il valait mieux, si tu venais à mourir, qu'ils le sachent.

POLYMESTOR
Tu as raison ; c'est plus sage ainsi.

HÉCUBE
Bien ; tu connais l'endroit où se trouve à Ilion le temple d'Athéna ?

POLYMESTOR
C'est là que se trouve l'or ? Qu'est-ce qui le signale ?

HÉCUBE
Un rocher noir, qui s'élève haut au-dessus du sol.

POLYMESTOR
Bon ; y a-t-il autre chose que tu veuilles me dire de ce qui est là-bas ?

HÉCUBE
Je veux que tu sauves l'argent que j'ai apporté avec moi.

POLYMESTOR
Où est-il donc ? Sous ton manteau ? ou bien l'as-tu caché ?

HÉCUBE *(avec un geste vers la* skènè*)*
Il est dans la masse du butin, à l'abri de ces tentes.

Polymestor
Où donc ? C'est là l'enceinte du campement où sont mouillés les navires achéens.

Hécube
Il y a des abris réservés aux captives.

Polymestor
Et l'intérieur est sûr ? Il ne s'y trouve point de mâles ?

Hécube
Il n'y a aucun Achéen là-dedans, juste nous, les femmes.
Allons, suis-moi à l'intérieur (car d'ailleurs les Achéens aspirent
à libérer leurs navires pour quitter Troie et rentrer chez eux),
afin que tu puisses, une fois obtenu tout ce que tu dois obtenir,
retourner avec tes enfants là où tu as logé mon fils.

Elle entre dans la *skènè* avec la servante, Polymestor et ses enfants.

EXODOS (v. 1024-1296)

Scène 1 : Hécube, le chœur (1024-1055)

Le chœur
Tu n'as pas encore subi, mais peut-être vas-tu subir l'expiation !
Comme un homme qui, loin du port, se penche et tombe
dans l'abîme, tu vas tomber du haut de tes chères espérances,
voleur de vie ! Car là où arrivent ensemble à échéance
la dette envers la justice et la dette envers les dieux,
mortel, oui, mortel est le malheur.
Il t'égarera loin de ta route, l'espoir qui t'a conduit
vers l'Hadès meurtrier[53], ah, misérable !
Sous une main inexperte au combat[54] tu vas perdre la vie.

Des cris retentissent à l'intérieur de la *skènè*.

Polymestor *(à l'intérieur)*
Ah ! On m'aveugle, on ôte la lumière de mes yeux, infortuné !

53. La phrase n'est pas claire ; il faut sans doute comprendre : *L'espoir qui t'a amené à commettre un crime (le meurtre de Polydore) en prenant cette route va s'avérer trompeur.*

54. Il s'agit non de la main d'Hécube seulement, mais de la main des femmes en général.

LE CHŒUR[55]
Vous avez entendu le gémissement du Thrace, mes amies ?

POLYMESTOR *(à l'intérieur)*
Ah ! Encore ! ah, mes enfants, quel horrible massacre !

LE CHŒUR
Mes amies, il s'est produit de nouveaux malheurs dans la maison !

POLYMESTOR *(à l'intérieur)*
Mais vous ne risquez pas de m'échapper d'une prompte fuite !
De mes coups je vais fracasser le fond de ce logis !
Tenez ! Voilà un projectile lancé d'une main puissante[56] !

LE CHŒUR
Voulez-vous que nous entrions pour nous précipiter sur lui[57] ? Car l'instant est décisif, il nous invite à aider Hécube et les Troyennes en alliées !

Hécube sort de la *skènè*.

HÉCUBE
Cogne ! N'épargne rien, essaie de faire sauter les portes !
Tu ne rendras plus jamais l'éclat de la vue à tes prunelles,
tu ne verras plus tes fils vivants, tes fils que j'ai tués.

LE CHŒUR
Tu as donc abattu l'hôte thrace, tu as triomphé de lui,
maîtresse ? Tu as vraiment fait ce que tu dis ?

HÉCUBE
Tu vas le voir à l'instant devant la demeure,
aveugle, marcher d'un pas aveugle et vacillant,
et tu vas voir les corps de ses deux fils que j'ai tués
avec l'aide des braves Troyennes. Il m'a payé sa dette.

Polymestor sort à son tour de la *skènè*.

Mais le voici qui sort, tu le vois, de la demeure.
Allons, je vais m'écarter de son chemin et me tenir à l'écart
de la fureur débordante du Thrace : c'est un rude adversaire !

---

55. Certains manuscrits attribuent cette réplique et la suivante soit au coryphée, soit aux deux parastates (c'est-à-dire les chefs des deux demi-chœurs).

56. Outre les indications scéniques que renferment ces vers, il y a sans doute là un souvenir de la colère du Cyclope Polyphème aveuglé par Ulysse.

57. Ce genre d'exhortation reste nécessairement sans suite : le Chœur ne monte jamais sur le *logeion* et n'entre jamais dans la *skènè* ; il ne peut que rester dans l'*orchestra*.

Scène 2 : Polymestor (v. 1056-1108)

Polymestor
Ah malheureux, où aller ?
Où m'arrêter, à quel port aborder,
comme un fauve des montagnes qui marche à quatre pattes,
en m'appuyant sur mes mains et mes pieds[58] *?*
Quel chemin dois-je suivre, celui-ci ?
ou plutôt celui-là ?
pour saisir les meurtrières, les femmes d'Ilion
qui m'ont détruit !
Misérables filles des Phrygiens, misérables,
ah, maudites !
Où se blottissent-elles donc pour m'échapper, dans quels recoins ?
Ah, si seulement tu pouvais, Soleil,
guérir mes yeux ensanglantés ! et ma lumière aveuglée,
si tu pouvais me la rendre !
Ah ! ah !
Silence ! Je sens le mouvement furtif
de ces femmes. Où bondir
pour me repaître de leur chair et de leurs os,
pour festoyer comme une bête sauvage
et faire un carnage
qui compense mes outrages ? Ah, malheureux !
Où m'en vais-je, sur quel chemin, en abandonnant mes enfants
à ces Bacchantes de l'enfer, pour qu'elles dépècent
leurs victimes égorgées, sanglant banquet pour les chiens,
cruel rebut laissé dans la montagne ?
Où m'arrêter, où me reposer,
en rassemblant mes vêtements de lin comme un navire cargue ses voiles
avec des câbles marins, lorsque j'aurai bondi pour la garder
vers la couche de mort où gisent mes enfants ?

Le chœur
Infortuné, dans quels maux insupportable te voilà plongé !
À crimes honteux, terrible châtiment !

Polymestor
Ah ! Holà, vous, les Thraces,
lanciers, soldats, bons cavaliers,

---

58. Le texte est très incertain. Si le texte adopté ici est le bon, il faut imaginer Polymestor se traînant à quatre pattes, ce qui crée un effet scénique saisissant.

race possédée d'Arès !
Holà, les Achéens ! Holà, les Atrides !
À l'aide, j'appelle à l'aide ! À l'aide !
Ah, venez ! Arrivez, au nom des dieux !
Quelqu'un m'entend ? Personne ne va venir à mon secours ? Pourquoi tardez-vous ?
Des femmes m'ont tué,
des femmes captives !
Affreux, affreux, le traitement qui m'a été infligé !
Hélas, quel outrage j'ai subi !
Où me tourner, où aller ?
Est-ce vers les demeures célestes,
en gagnant les hauteurs dans mon vol,
là où Orion ou Sirius émettent les brûlants rais de flamme
de leurs regards, ou est-ce vers Hadès
et son noir détroit que je vais m'élancer dans mon infortune[59] *?*

Le chœur
Il est pardonnable, quand on subit des maux qui dépassent la résistance,
de se délivrer d'une vie infortunée.

Agamemnon entre par la *parodos* de droite
avec des serviteurs (personnages muets).

Scène 3 : Agamemnon, Polymestor, Hécube, le chœur (v. 1109-1295)

Agamemnon
Les cris que j'ai entendus m'ont fait venir. Car ce n'était pas un son paisible
qu'elle faisait résonner dans l'armée, la fille des rocs de la montagne,
Écho, en jetant le tumulte. Si nous n'avions pas su que les remparts de Phrygie
étaient tombés sous la lance des Grecs,
ce fracas aurait causé une panique extrême.

Polymestor
Ô très cher ami ! Car je t'ai reconnu, Agamemnon,
en entendant ta voix. Tu vois ce que je subis ?

Agamemnon
Ah ! Polymestor, malheureux, qui t'a perdu ?
Qui a rendu ton œil aveugle en ensanglantant tes paupières ?
Qui a massacré ces enfants ? Ah, quelle grande colère il avait
contre toi et tes enfants, celui-là, quel qu'il fût !

59. Dans les deux cas, c'est le suicide qui est envisagé, dans un effort désespéré d'évasion.

Polymestor
C'est Hécube, avec l'aide des femmes captives,
qui m'a perdu – non pas perdu, mais pire encore.

Agamemnon
Que dis-tu ?

À Hécube :

Cest toi qui as commis cet acte, comme il le dit ?
C'est toi, Hécube, qui as osé ce coup d'audace imparable ?

Polymestor
Malheur ! Que veux-tu dire ? Elle est donc près d'ici, quelque part ?
Indique-moi, dis-moi où elle est, que je la saisisse de mes mains,
que je déchire son corps en lambeaux sanglants !

Agamemnon *(le retenant)*
Hé toi ! Qu'est-ce qui te prend ?

Polymestor
Au nom des dieux, je t'en prie,
laisse-moi porter sur elle une main furieuse !

Agamemnon
Arrête ! Chasse de ton cœur la barbarie
et parle, pour qu'en vous écoutant elle et toi tour à tour
je puisse juger en toute équité les raisons qui te valent ce traitement.

Polymestor
Je vais parler. Il y avait un fils de Priam, le plus jeune,
Polydore, l'enfant d'Hécube. Son père Priam me l'envoie de Troie
pour que je l'élève en mon palais,
car il pressentait alors la chute de Troie.
Cet enfant, je l'ai tué ; mais pourquoi je l'ai tué,
écoute-le, pour voir comme j'ai bien fait, quelle fut ma sage prévoyance.
J'ai eu peur que cet enfant, si on laissait vivre en lui un ennemi pour toi,
ne rassemble un jour Troie et ne la repeuple[60],
et que les Achéens, apprenant l'existence d'un descendant de Priam[61],
ne montent à nouveau une expédition contre la terre des Phrygiens ;
j'ai craint qu'ensuite ils n'épuisent nos plaines de Thrace
en les ravageant, et que pour les voisins de Troie
ne se répète le malheur, prince, dont nous venons de souffrir actuellement.

---

60. Les deux verbes renvoient à une opération de synœcisme (regroupement de la population éparse en une même cité) analogue à celle qu'opéra Thésée pour Athènes.

61. Racine s'est souvenu de ces vers dans *Andromaque* (v. 193-194).

Mais quand Hécube a su le sort fatal de son enfant,
elle m'a attiré par l'argument suivant : elle voulait m'indiquer
un dépôt d'or des Priamides caché
dans Troie. Elle m'introduit, seul avec mes enfants,
dans la tente, pour que personne d'autre n'en soit informé.
Je m'assieds au milieu du lit en pliant le genou.
En grand nombre, les unes à main gauche,
les autres de l'autre côté, comme auprès d'un ami, les jeunes Troyennes
étaient assises ; elles touchaient le tissage de la main édonienne[62]
et le louaient, en examinant mes vêtements à la lumière.
D'autres examinaient ma javeline thrace
et me dépouillèrent de mes deux armes[63].
Et toutes celles qui étaient mères admiraient mes enfants
et les faisaient sauter dans leurs bras, pour les éloigner de leur père
en les faisant passer de main en main.
Et puis, après des paroles d'une douceur ô combien sereine,
elles tirent tout à coup des glaives de leurs robes, sortis je ne sais d'où,
et transpercent mes fils ; d'autres, comme des ennemies,
saisissent toutes ensemble mes bras et mes jambes
et les maintiennent. Moi je voulais secourir mes enfants ;
mais chaque fois que je relevais mon visage,
elles me retenaient par les cheveux ; et chaque fois que j'essayais de bouger les bras,
une foule de femmes m'empêchait de faire quoi que ce soit, pauvre infortuné !
Pour finir, souffrance pire que la souffrance,
elles ont accompli un crime horrible : mes yeux,
de leurs agrafes qu'elles ont saisies, elles en transpercent
les misérables prunelles, elles les ensanglantent. Ensuite, à travers l'abri,
elles s'enfuient, elles m'échappent. Et moi, bondissant du lit,
comme un fauve je poursuis les chiennes meurtrières,
j'explore toutes les parois comme un chasseur,
je frappe, je cogne. Voilà le traitement que j'ai subi
en cherchant avec ardeur ton intérêt et en tuant ton ennemi,
Agamemnon. Pour ne pas faire un discours trop long,
tout le mal que les anciens ont dit des femmes,
tout le mal qu'on en dit aujourd'hui ou qu'on en dira plus tard,
tout cela je vais le résumer d'un mot :
une pareille engeance, ni la terre ni la mer n'en nourrissent.
Tout homme qui la rencontre le sait.

---

62. Édonien = Thrace. Les Édônes sont un peuple Thrace de la région du Strymon. Les jeunes filles trompent Polymestor en feignant d'admirer la longue robe ample du Barbare, ouvragée et colorée.

63. Polymestor porte probablement deux javelines, comme les chefs dans l'épopée homérique.

LE CHŒUR
Ne fais pas l'insolent ! et ne va pas, du fait de tes malheurs,
associer ainsi toute la race féminine dans le blâme !
[Car nous sommes nombreuses ; certaines sont haïssables,
mais les autres compensent par leur nombre les scélérates.][64]

HÉCUBE
Agamemnon, chez les humains la langue ne devrait jamais
être plus forte que les actes.
Il faudrait plutôt que quiconque a noblement agi parle noblement,
et que, inversement, après des actes mauvais le discours sonne faux,
sans que l'injustice jamais puisse tenir un beau discours.
Sans doute, ils sont habiles, ceux qui ont mis au point ces subtilités ;
mais ils ne peuvent pas être éternellement habiles,
ils périssent misérablement ; aucun n'a encore échappé.
Pour ce qui te concerne, voilà mon préambule.
J'en viens à cet homme-là, et je vais lui répondre par des arguments.
À ce que tu prétends, c'est pour éviter aux Achéens une double épreuve[65],
et c'est pour Agamemnon que tu as tué mon enfant.
Mais d'abord, scélérat, jamais la race barbare
ne sera l'amie des Grecs
ni ne saurait l'être[66]. Quel intérêt te poussait à agir
avec tant d'ardeur ? Cherchais-tu un beau-père ?
Étais-tu un parent par le sang ? Avais-tu quelque autre raison ?
Était-ce ta terre dont ils allaient ravager les cultures
si une expédition marine les ramenait ? Qui espères-tu en convaincre ?
C'est l'or, si tu voulais dire la vérité,
qui a tué mon enfant, c'est ta cupidité.
Car explique-moi : comment se fait-il que, quand Troie était prospère
et qu'à l'entour encore un rempart protégeait la ville,
que Priam était en vie et la lance d'Hector florissante,
oui, pourquoi n'as-tu pas alors, si vraiment tu voulais servir
cet homme-ci, tué l'enfant que tu élevais et gardais dans ton palais ?
ou pourquoi n'es-tu pas venu l'amener vivant aux Argiens ?
Mais c'est quand nous, nous ne jouissions plus de la lumière,
quand la fumée signalait la chute de la cité sous les coups des ennemis,
qu'alors tu as tué l'hôte venu à ton foyer.

---

64. Ces vers sont probablement interpolés et le texte, peu satisfaisant, est diversement corrigé. Mais ils sont anciens, puisqu'ils sont connus des scholiastes et de Stobée.
65. L'épreuve d'un second siège de Troie.
66. L'argument peut paraître étrange dans la bouche d'Hécube, qui est une Barbare ; mais en fait, c'est Euripide qui s'adresse au public athénien.

Bien plus : écoute encore ceci, pour qu'on voie ta scélératesse.
Tu aurais dû, si vraiment les Achéens te sont chers,
apporter cet or, dont tu conviens qu'il appartenait non à toi, mais à lui,
et le leur donner à eux, appauvris et depuis longtemps
éloignés de leur patrie.
Mais toi, même maintenant, tu n'as pas le courage d'en écarter ta main,
tu t'entêtes à le conserver encore dans ton palais.
Et pourtant, si tu avais élevé mon enfant comme tu aurais dû l'élever,
si tu l'avais sauvé, tu aurais acquis une noble gloire.
Car c'est dans les malheurs que les gens de bien révèlent le plus clairement
leur qualité d'amis ; le bonheur, lui, chaque fois trouve tout seul des amis.
Si tu avais été démuni d'argent et lui prospère,
mon fils eût été pour toi un trésor, un grand trésor.
Mais maintenant, tu ne l'as plus, lui, pour être ton ami ;
l'or, tu ne peux plus en jouir ; tu n'as plus de fils ;
et toi-même, voilà où tu en es.

À Agamemnon :

À toi, Agamemnon,
moi, je te dis ceci : si tu protèges cet homme, tu apparaîtras comme un méchant.
Car il n'est ni pieux, ni fidèle à qui il aurait dû,
ni respectueux des lois divines, ni juste, l'hôte à qui iront tes bienfaits.
Et toi-même, nous dirons que tu aimes les méchants
parce que tu leur ressembles – mais je n'injurie pas mes maîtres.

Le chœur

Ah ! Comme de nobles actes offrent aux mortels
matière, chaque fois, à de nobles discours !

Agamemnon

Je déteste porter un jugement sur les fautes qui ne me concernent pas ;
mais enfin, il le faut ; car il est déshonorant,
quand on a pris en main cette affaire, de s'en désintéresser.

À Polymestor :

À mon avis, si tu veux le savoir, ce n'est pas pour moi
ni pour les Achéens que tu as tué ton hôte,
mais pour garder l'or dans ta demeure.
Tu énonces les arguments qui te sont favorables dans les malheurs où tu es.
Peut-être, quoi qu'il en soit, est-il chez vous facile de tuer un hôte ;
mais pour nous en tout cas, nous, les Grecs, c'est un acte déshonorant.

Comment donc, en te jugeant non coupable, pourrais-je éviter le blâme ?
C'est absolument impossible. Allons, puisque tu as osé
commettre l'inacceptable, endure aussi l'insupportable.

POLYMESTOR
Hélas ! Une femme, à ce qu'il semble, m'a vaincu,
une esclave ! Je vais devoir me soumettre à la justice des vilains !

AGAMEMNON
N'est-ce pas justement, puisque tu as commis des vilenies ?

POLYMESTOR
Hélas sur mes enfants qui sont là, et sur mes yeux, infortuné que je suis !

HÉCUBE
Tu souffres ? Et moi, alors ? Mon fils, crois-tu que je n'en souffre pas ?

POLYMESTOR
Tu prends plaisir aux violences que tu m'infliges, misérable ?

HÉCUBE
Ne dois-je pas prendre plaisir à me venger de toi ?

POLYMESTOR[67]
Mais ton plaisir cessera bientôt, quand la vague marine...

HÉCUBE
Va-t-elle me porter jusqu'aux frontières de la terre grecque ?

POLYMESTOR
Non ! ...t'engloutira, en fait, lorsque tu tomberas de la hune.

HÉCUBE
Qui me forcera à sauter ?

POLYMESTOR
C'est toi-même qui grimperas au haut du mât sans aide.

HÉCUBE
Avec des ailes sur le dos ? ou alors comment ?

POLYMESTOR
Tu deviendras une chienne aux regards de feu[68].

---

67. Les pièces d'Euripide s'achèvent souvent sur une prédiction du sort qui attend les principaux personnages ; cette prédiction est tantôt faite par un dieu *ex machina*, tantôt par un personnage soudainement doué de clairvoyance. On croyait aussi que ce don était souvent accordé aux aveugles (*cf.* Tirésias).

68. Les détails du mythe de la métamorphose d'Hécube varient selon les auteurs. Sa métamorphose en chienne est mentionnée ici pour la première fois ; elle est peut-être inventée par Euripide.

HÉCUBE
Comment es-tu au courant de cette métamorphose de mon corps ?

POLYMESTOR
C'est le devin des Thraces, Dionysos, qui l'a dit[69].

HÉCUBE
Et à toi, il n'a prédit aucun de tes maux ?

POLYMESTOR
Non ; autrement, tu ne m'aurais pas pris ainsi par ruse.

HÉCUBE
Et j'accomplirai ma vie en périssant là, ou en restant vivante ?[70]

POLYMESTOR
En périssant. Et ta tombe portera le nom...

HÉCUBE
Tu vas dire un nom inspiré par ma forme ?

POLYMESTOR
De « Tombeau de la pauvre chienne », repère pour les marins[71].

HÉCUBE
Peu m'importe, puisque je t'ai puni.

POLYMESTOR
Oui ; mais ta fille aussi, Cassandre, doit mourir.

HÉCUBE
J'ai craché[72] ! Je retourne sur toi cette prédiction.

POLYMESTOR (*avec un geste vers Agamemnon*)
Et lui, son épouse le tuera, amère gardienne de sa maison.

HÉCUBE
Puisse la fille de Tyndare ne jamais tomber dans une pareille folie !

POLYMESTOR
Si, lui aussi ; elle le tuera en levant haut sa hache.

AGAMEMNON
Hé là, toi ! Es-tu fou ? Désires-tu qu'il t'arrive malheur ?

---

69. L'oracle était près du Mont Pangée ; *cf.* Hérodote, VII, 111, 2.

70. Ce vers est fort obscur ; les uns y voient un vers superflu, cheville imposée par la disposition stichomythique ; d'autres proposent des corrections ; d'autres, enfin, cherchent une interprétation permettant de rendre compte de l'oxymore *achever sa vie en vivant*.

71. Plusieurs caps portaient ce nom de Kynossèma (*Tombeau du chien*), probablement en raison de la ressemblance qu'ils offraient avec une tête de chien. Euripide songe sans doute à celui que signale Thucydide en VIII, 104, 5, situé au sud de la Chersonèse de Thrace.

72. Le mot signifie littéralement : *se détourner en crachant*, pour conjurer un mauvais présage.

Polymestor
Tue-moi ! C'est bien un bain sanglant[73] qui t'attend à Argos.

Agamemnon
Dépêchez-vous de l'entraîner hors d'ici, esclaves[74], et de force !

Polymestor
Cela te fait mal de m'entendre ?

Agamemnon
Et faites-le taire !

Polymestor
Fermez-moi la bouche : j'ai tout dit.

Agamemnon
Et dépêchez-vous
de le jeter quelque part sur une île déserte,
puisque sa bouche montre ainsi une excessive insolence.

Les esclaves entraînent Polymestor par la *parodos* :

Et toi, Hécube, pauvre infortunée, va enterrer
tes deux morts.

S'adressant aux Troyennes :

Et vous, Troyennes,
il vous faut gagner les tentes de vos maîtres. Car je vois
que soufflent déjà, les voilà, les vents qui nous ramèneront chez nous.
Puissions-nous avoir une heureuse traversée vers notre patrie, et puissions-nous revoir heureuses nos maisons, délivrés des maux que nous avons connus ici[75] !

Il rentre dans la *skènè,* suivi d'Hécube.
Le chœur se dirige vers la *parodos* de droite.

Le chœur
Allez, mes amies, vers le port et les tentes
pour y faire l'épreuve des tâches imposées par vos maîtres.
Inflexible est la nécessité.

---

73. Dans la version la plus courante, Clytemnestre tue Agamemnon dans son bain, à coups de hache, après avoir jeté sur lui un filet pour paralyser ses mouvements.

74. Agamemnon s'adresse aux serviteurs entrés avec lui au vers 1109.

75. Ces vœux sont évidemment teintés d'ironie tragique : on sait combien les « retours » de la guerre de Troie furent difficiles pour les Grecs (l'*Odyssée* en est un exemple parmi d'autres) et quels accueils divers leur réservèrent leurs maisons.

PROLONGEMENTS

L'histoire d'Hécube a intéressé les auteurs latins parce qu'elle illustrait à la fois les malheurs troyens et la vengeance extrême. Elle a paru presque inhumaine aux modernes. Il n'est pas étonnant qu'on ait parfois cherché à en adoucir la violence soit en évoquant une histoire d'amour antre Achille et Polyxène, soit en reprenant les suggestions homériques d'un refus féminin de la guerre.
Si on cherche à comprendre pourquoi les Anciens ont beaucoup aimé cette histoire, on peut retrouver ce qu'avaient d'important pour eux les devoirs de l'hospitalité, le respect de la parole et toute cette sagesse que fixent en maximes les textes tragiques. Ce sont les analyses du malheur d'Hécube qui peuvent nous donner la clé de l'inhumanité de cette reine devenue « figure de l'Infortune », comme le disait Euripide.

HÉCUBE ET LES ÉCRIVAINS LATINS

Pour les Romains, l'histoire commence à la chute de Troie.

L'Énéide, de Virgile

Le voyage d'Énée après la chute de Troie le mène en Thrace. C'est ce qu'il raconte à Didon, tout comme Ulysse racontait son périple à Alkinoos. Énée a quitté Troie anéantie et, « exilé sur mer », il arrive en Thrace. Il y jette les premiers murs d'une ville et offre un sacrifice à Vénus et aux dieux protecteurs des « remparts naissants ». En haut d'un tertre, il arrache des arbrisseaux pour les placer sur les autels où vont se faire les sacrifices. Du sang sort des racines.

[...] un gémissement plaintif se fait entendre au fond du tertre, et une voix en sort qui vient frapper mes oreilles : « Pourquoi donc, Énée, déchirer un malheureux ? Épargne désormais ma tombe, épargne un crime à tes mains pieuses. Je ne te suis pas étranger, étant natif de Troie, et ce sang ne coule pas d'une souche. Ah ! fuis ces terres cruelles, fuis ce rivage avide. Car je suis Polydore : ici mon corps a été couvert d'une moisson de traits d'airain, et ces javelots pointus ont pris en lui racine. » Alors, accablé d'une trouble épouvante, je demeurai stupide, mes cheveux se dressèrent sur ma tête et ma voix resta dans ma gorge.
Ce Polydore était un fils de l'infortuné Priam, qui, se défiant déjà des armes de la Dardanie et voyant le blocus de sa ville investie, l'avait envoyé jadis secrètement au roi de Thrace avec un lourd

poids d'or, pour qu'on prît soin de l'élever. Celui-là, dès que la puissance des Teucères eut été brisée et que la fortune se fut retirée de nous, suit le parti et les armes victorieuses d'Agamemnon, et, au mépris de toutes les lois saintes, égorge Polydore et s'empare de son or. À quoi ne pousses-tu pas le cœur des mortels, exécrable soif de l'or ! Quand l'épouvante eut laissé mon être, je rapporte aux principaux chefs du peuple et à mon père le premier, prodige émané des dieux, et leur demande quel est leur avis. Tous, à l'unanimité, proposent de fuir cette terre criminelle, de quitter un asile pollué et de livrer nos voiles aux Autans. Nous célébrons donc les funérailles de Polydore ; on lui élève pour tombeau un énorme amas de terre, on dresse aux Mânes des autels endeuillés de sombres bandelettes et de noirs cyprès, et les femmes d'Ilion se rangent à l'entour, les cheveux épars, selon le rite. Nous versons des coupes écumantes d'un lait tiède encore, et des patères pleines du sang des sacrifices, nous enfermons l'âme dans son sépulcre et lui disons à haute voix l'adieu suprême.

VIRGILE, *Énéide*, livre III, vers 39-69, traduction de M. Rat, © Garnier (1960).

Les Métamorphoses, d'Ovide

Ovide a littéralement copié la tragédie d'Euripide. Il consacre plusieurs pages au sacrifice de Polyxène, en reprenant tous les épisodes de la pièce. Il évoque aussi – mais plus brièvement – le meurtre de Polydore, dans le même ordre qu'Euripide : d'abord le récit du meurtre, puis, après l'histoire de Polyxène, celui de la vengeance d'Hécube. Toutefois, ni Ulysse ni Agamemnon n'apparaissent dans ce récit et il n'est pas question des enfants de Polymestor.

Il est, en face de la Phrygie, où fut Troie, un pays qu'habitent les Bistoniens ; là s'élevait le palais opulent du roi Polymestor, que ton père, ô Polydore, avait chargé de t'élever en secret, pour te soustraire, loin de la Phrygie, aux dangers des combats, précaution qui eût été sage, s'il n'eut pas envoyé avec toi de grandes richesses, faites pour devenir le prix du crime et pour tenter une âme cupide. Aussitôt que la fortune des Phrygiens a succombé, l'impie souverain des Thraces saisit une épée, il la plonge dans la gorge de son pupille, et, pensant que son forfait peut disparaître avec sa victime, il précipite le cadavre du haut d'un rocher dans les flots qui s'étendent à ses pieds.

Et voici l'épisode final : Hécube face à Polymestor.

À ces mots, en entendant ce faux serment, elle lui lance un regard terrible ; sa colère bouillonnante déborde de son cœur ; elle se saisit de lui, appelle à son aide la foule des mères captives et enfonce ses doigts dans les yeux du traître, qu'elle arrache de leurs orbites ; car sa rage la rend féroce ; elle plonge ses mains dans la plaie, et, souillée d'un sang criminel, elle creuse, non plus les yeux dont il ne reste plus rien, mais la place où ils furent. Les Thraces, révoltés par la détresse de leur souverain, se mettent à lancer contre la Troyenne des traits et des pierres ; mais voilà qu'avec un grognement sourd elle poursuit à coups de dents la pierre qu'on lui a jetée ; de sa bouche, qu'elle ouvrait toute grande pour parler, sortent, en dépit de ses efforts, des aboiements ; on montre encore l'endroit qui donne son nom à ce prodige ; pendant longtemps Hécube, toute pleine du souvenir de ses anciens malheurs, a continué à faire retentir les champs sithoniens de ses hurlements lugubres.

OVIDE, *Les Métamorphoses,* livre XIII, vers 430-435 et 558-571, traduction de G. Lafaye, © Les Belles Lettres (1930).

Les Troyennes, de Sénèque

La pièce se passe à Troie : elle met en scène les captives troyennes conduites par Hécube, qui pleurent leurs morts. Achille demande ce qui lui est dû avant de laisser partir les Grecs : Polyxène est sacrifiée ; Andromaque doit livrer Astyanax pour sauver le tombeau d'Hector. Le deuil des Troyennes ne pourra jamais s'apaiser.
On entend ici le récit bouleversant de la mort de Polyxène, rapportée par le messager.

La terreur tient comme frappés de stupeur et l'un et l'autre peuple. La voici elle-même, les yeux baissés pudiquement, mais pourtant étincelants ; sa beauté brille à son suprême instant d'un éclat plus pur que jamais, semblable à la lumière de Phébus qui n'est jamais plus douce que lorsqu'il va disparaître à l'heure où les astres vont à leur tour revenir et où sa lumière indécise est déjà vaincue par la nuit qui s'approche. Tout le peuple reste saisi et il n'est presque personne qui ne loue d'autant plus sa beauté qu'elle va justement périr. Les uns sont émus par la noblesse de son corps, les autres par sa jeunesse, d'autres par l'inconstance de sa fortune, mais tous le sont par sa force d'âme qui va au-devant du trépas ; elle précède Pyrrhus ; tous les cœurs tremblent pénétrés d'admiration et de commisération. Dès qu'elle toucha le sommet de ce tertre escarpé et que le jeune guerrier se fut dressé en haut du tombeau élevé de son père, loin de reculer, l'audacieuse et virile jeune fille se tourna vers le coup mortel, fièrement dressée et le visage intrépide. Cette magnanimité frappe fortement les esprits de tous, et, prodige nouveau, Pyrrhus est lent à frapper ! Lorsqu'il eut plongé profondément le glaive que sa main poussait en elle, alors qu'elle était mortellement frappée, un flot de sang jaillit soudain de sa large blessure. Mais bien que mourante elle conserva jusqu'au bout cette âme héroïque : elle tomba, comme pour rendre à Achille la terre plus lourde, face contre terre et dans un furieux effort. Les deux foules en gémirent, mais les Phrygiens ne poussèrent qu'une lamentation timide et ce fut le vainqueur qui se lamenta le plus fort. Voilà comment s'est déroulé ce sacrifice. Mais le sang répandu ne resta pas là, et ne coula pas non plus à fleur de terre : il s'enfonça aussitôt et le cruel tombeau le but tout entier.

Sénèque, *Les Troyennes,* vers 1136-1164, traduction de L. Herrmann, © Les Belles Lettres (1989).

Écritures modernes

La Divine Comédie, de Dante

Le poète, au milieu du chemin de sa vie, cherche à sortir de la forêt obscure où ses fautes l'ont enfermé. Pour ce faire, il lui faut suivre un long chemin à travers l'Enfer et le Purgatoire pour arriver au Paradis : ce sont les trois chants de* La Divine Comédie *écrite par Dante Alighieri entre 1307 et 1321. Ce texte se présente comme une suite de tercets à rimes enchaînées (*terza rima *: aba, bcb, cdc) L'Enfer est au centre de la terre. La chute de Satan a creusé un vaste cône où neuf cercles concentriques accueillent les damnés selon la lourdeur de leurs fautes.

« Au milieu du chemin de notre vie
je me retrouvai dans une forêt obscure,
dont la route droite était perdue. »

Dans le huitième cercle de l'Enfer, où se trouvent les trompeurs, le poète aperçoit Hécube et le texte rappelle le vers d'Ovide,* latravit conata loqui *(XII, 170) : « S'efforçant de parler, elle aboya. »

Quand la fortune voulut abaisser la grandeur des Troyens et leur puissance qui montrait tant d'audace, et que le royaume et le souverain furent anéantis, Hécube, languissante, désolée et captive, après avoir vu périr Polyxène, et avoir trouvé sur le bord de la mer, le corps de son fils Polydore, éprouva d'affreux déchirements, et fit entendre les aboiements forcenés d'une chienne, tant la douleur avait renversé ses esprits.

DANTE ALIGHIERI, *La Divine Comédie,* « L'Enfer », livre XXX, vers 13-20, traduction d'Arnaud de Montor, © Garnier (1926).

Hamlet, de William Shakespeare

Shakespeare (1564-1616) présente en Hamlet un prince du Danemark bouleversé par le chagrin que lui cause la mort tragique de son père. Recevant des comédiens dans le château royal, il demande qu'on lui récite la mort de Priam telle qu'Énée la raconte à Didon. Shakespeare fait une allusion à la plainte d'Hécube, expression d'une douleur immense, incarnation de la plainte tragique par excellence, sans commune mesure avec ce que pourrait être la violence du spectacle si le chagrin de Hamlet pouvait inspirer l'acteur et être mis en scène.

N'est-il pas monstrueux que cet acteur, dans une fiction, un simulacre de passion, puisse ainsi, forcer son âme jusqu'à obtenir ce visage blêmi, ces yeux pleins de larmes, cet aspect égaré, cette voix haletante, la soumission de tout son être à ses propos ! Et cela pour rien ! Pour Hécube ! Qu'est Hécube pour lui, lui pour Hécube, qui vaille tant de pleurs ?

Que vient de réciter le comédien, les yeux remplis de larmes ? La douleur d'Hécube lors du meurtre de Priam par Pyrrhus :

Qui de vous n'a point vu la reine encamouflée…
[…]
Peut douter si ses pleurs éteindront l'incendie.

Un haillon à son front tient lieu de diadème,
Ses flancs sont ceints d'un drap à sa couche arraché.
Oh ! quel cri tu poussas, reine, quel cri terrible
Lorsque tu vis Pyrrhus, sur ton époux penché,
Assouvir sa fureur en dépeçant sa proie
Membre à membre. Ton cri qui déchira l'espace
Eût fait les yeux du ciel répandre des averses
De pleurs, si seulement nos humaines douleurs
Ne laissaient pas les dieux à jamais insensibles.

WILLIAM SHAKESPEARE, *Hamlet*, acte II, scène 2, traduction d'A. Gide, © Gallimard, « Bibliothèque de la Pléiade » (1959).

La Mort d'Achille, d'Isaac de Benserade

Dans sa pièce* La Mort d'Achille, *le poète Isaac de Benserade (XVIIe siècle) a privilégié la version selon laquelle Achille serait tombé amoureux de Polyxène de son vivant. Au début de la pièce, Priam, Hécube et Polixène[1] viennent demander à Achille le corps d'Hector : il cède à la prière de Polixène, ébloui par sa beauté.

HÉCUBE *(à Polixène)*
Adresse ta prière à l'honneur des humains,
Et tends devers le ciel tes innocentes mains.

POLIXÈNE
Je n'ose (grand Héros) espérer que mes larmes
Pour vous toucher le cœur soient d'assez fortes armes,
Car j'ai trop peu de grâce à pleurer un malheur
Pour faire la pitié fille de ma douleur.
Mais si votre bonté me donne l'assurance
Qu'elles ébranleront cette rude constance,
Ces pleurs dont j'entretiens la mémoire d'Hector,
Ces deux fleuves taris pourront couler encore ;
Perdez cette rigueur où peu de vertu brille,
Et qu'Achille une fois soit vaincu d'une fille,
Que l'animosité mette les armes bas,
« C'est gloire de se rendre aux injustes combats. »
Que votre passion ne vous soit plus contraire,
Que votre ennemi mort, ce misérable frère,

1. Orthographe choisie par l'auteur.

Ait un sépulcre ailleurs qu'au sein de ses parents,
Hélas voyez mes pleurs !

ACHILLE
Je me rends, et le rends ;
Vos larmes ont éteint ma vengeance enflammée,
Ce que n'aurait pas fait le pouvoir d'une armée,
« Une simple douceur calme nos passions,
Et des humilités ont vaincu les lions. »

ISAAC DE BENSERADE, *La Mort d'Achille*, vers 230-251 (1636).

La guerre de Troie n'aura pas lieu, de Jean Giraudoux

Le XXe siècle va jouer avec les mythes grecs pour dire les grandes vérités que le théâtre peut montrer à l'homme « qui se regarde, les mains posées sur ses genoux » (Claudel, **L'Échange*). Giraudoux présente dans une pièce au titre paradoxal Hécube et Andromaque qui défendent la paix et la vie face à la tentation de l'héroïsme guerrier, face au risque de la Guerre de Troie.***

Hector a démasqué les fauteurs de guerre qui, en proposant de se battre pour la beauté, veulent en réalité faire la guerre pour une femme, la belle Hélène.

HÉCUBE. – Tu as bien fait de les démasquer, Hector. Ils veulent faire la guerre pour une femme, c'est la façon d'aimer des impuissants.
DEMOKOS. – C'est vous donner beaucoup de prix ?
HÉCUBE. – Ah oui ! par exemple !
DEMOKOS[2]. – Permets-moi de ne pas être de ton avis. Le sexe à qui je dois ma mère, je le respecterai jusqu'en ses représentantes les moins dignes.
HÉCUBE. – Nous le savons. Tu l'y as déjà respecté...

Les servantes accourues au bruit de la dispute éclatent de rire.

PRIAM. – Hécube ! Mes filles ! Que signifie cette révolte de gynécée ? Le conseil se demande s'il ne mettra pas la ville en jeu pour l'une d'entre vous ; et vous en êtes humiliées ?

---

2. Personnage de poète officiel qui cherche à plaire au peuple et qui en devient ridicule (d'où son nom).

ANDROMAQUE. – Il n'est qu'une humiliation pour la femme, l'injustice.
DEMOKOS. – C'est vraiment pénible de constater que les femmes sont les dernières à savoir ce qu'est la femme.
HÉCUBE. – Elles le savent parfaitement. Je vais vous le dire, moi, ce qu'est la femme.
DEMOKOS. – Ne les laisse pas parler, Priam. On ne sait jamais ce qu'elles peuvent dire.
HÉCUBE. – Elles peuvent dire la vérité.
PRIAM. – Je n'ai qu'à penser à l'une de vous, mes chéries, pour savoir ce qu'est la femme.
DEMOKOS. – Primo. Elle est le principe de notre énergie. Tu le sais bien, Hector. Les guerriers qui n'ont pas un portrait de femme dans leur sac ne valent rien.
CASSANDRE. – De votre orgueil, oui.
HÉCUBE. – De vos vices.
ANDROMAQUE. – C'est un pauvre tas d'incertitude, un pauvre amas de crainte, qui déteste ce qui est lourd, qui adore ce qui est vulgaire et facile.
HECTOR. – Chère Andromaque !
HÉCUBE. – C'est très simple. Voilà cinquante ans que je suis une femme et je n'ai jamais pu encore savoir au juste ce que j'étais.
DEMOKOS. – Secundo. Qu'elle le veuille ou non, elle est la seule prime du courage… Demandez au moindre soldat. Tuer un homme, c'est mériter une femme.
ANDROMAQUE. – Elle aime les lâches, les libertins. Si Hector était lâche ou libertin, je l'aimerais autant. Je l'aimerais peut-être davantage.
PRIAM. – Ne va pas trop loin, Andromaque. Tu prouverais le contraire de ce que tu veux prouver.
LA PETITE POLYXÈNE. – Elle est gourmande. Elle ment […]. Elle casse ses jouets. Elle leur plonge la tête dans l'eau bouillante.
HÉCUBE. – À mesure que nous vieillissons, nous les femmes, nous voyons clairement ce qu'ont été les hommes, des hypocrites, des vantards, des boucs. À mesure que les hommes vieillissent, ils nous parent de toutes les perfections. Il n'est pas un souillon accolé derrière un mur qui ne se transforme dans vos souvenirs en créature d'amour.

JEAN GIRAUDOUX, *La guerre de Troie n'aura pas lieu*, acte I, scène 6,

Pour mieux comprendre la notion d'hospitalité et la profondeur du malheur d'Hécube

Entretien avec Jean-Pierre Vernant

Sociologue et anthropologue, Jean-Pierre Vernant (1914-2007) occupe de 1975 à 1984 la Chaire des Études comparées des religions antiques au Collège de France. Ses travaux révolutionnent la compréhension du monde grec, éclairant la fonction du mythe dans la société et aidant à comprendre comment est apparue la pensée occidentale rationnelle. Dans une série d'entretiens publiés en 2005, il évoque ce que représente l'hospitalité.

Peut-on parler d'une anthropologie de l'hospitalité ?

Jean-Pierre Vernant : L'hospitalité est à la fois une conduite, une valeur, une obligation, une façon de vivre et de s'ouvrir sur l'extérieur que l'on trouve certes dans beaucoup de pays méditerranéens ou proche-orientaux. Mais la sociologie est de moins en moins portée à parler d'une « culture méditerranéenne » et insiste aujourd'hui sur les différences autant que sur les points communs. L'hospitalité se retrouve ailleurs et ses dimensions sont multiples…

Il y a d'abord le fait qu'à la campagne, l'étranger est un voyageur. À pied ou à cheval, il arrive après avoir marché, il est en attente d'un secours ou d'un contact humain ; tandis qu'en ville, ce contact est surabondant.

Ensuite, il y a le fait que dans ces civilisations rurales et paysannes, le voisinage, ça compte ! Avec des sentiments parfois ambigus, mais on a besoin d'entraide, d'une famille, de voisins. Alors, dit Hésiode, le poète grec du VIIe siècle avant notre ère, il faut s'arranger pour être bien avec ses voisins : ils pourront donner un coup de main en retour. En ville, on ne sait même pas qui habite en face ! Autre type de relations ? Pas seulement : qu'est-ce donc que la maison, cet espace habité, organisé, pensé, très souvent fonctionnel, avec un endroit pour manger, pour dormir, pour les femmes, les hommes, les jeunes ? Là encore, on trouve des constantes mais aussi des différences très grandes, comme la place accordée aux femmes, parfois complètement à part.

Enfin, il y a le statut de l'étranger : comment est-il pensé ? Dans certaines sociétés, c'est l'ennemi. En Svanétie, une région de hauts plateaux en Géorgie où les Svanes chrétiens vivent à proximité des

Ingouches et des Tchétchènes musulmans, les maisons comportent une tour accessible seulement de l'intérieur, par une échelle donnant dans la salle principale. Les Svanes racontent que cela remonte aux raids de leurs adversaires ethniques et religieux. Quand ceux-ci arrivaient et enfonçaient la porte, on grimpait dans la tour (où l'on gardait des provisions), on relevait l'échelle, et il devenait plus facile de les repousser. En grec, *xénos* signifie « étranger » mais aussi « hôte ». Le mot est ambigu, il implique à la fois l'étrangeté, l'éloignement mais aussi le contact, le rapprochement, et tout le statut de l'étranger est là.

Comme dans le paradoxe du mot « hôte », qui désigne celui qui est reçu comme celui qui reçoit ?

Oui. Quand vous accueillez quelqu'un, votre hôte devient votre *xénos*, c'est-à-dire qu'à son tour, il vous rendra le même service, à vous ou à quelqu'un se réclamant de vous. De la même façon, le don implique un contre-don : donner est en même temps une façon de recevoir. Le présent engage celui qui reçoit, il faudra à un moment qu'il donne et qu'il donne plus. Si vous restez en deçà de ce que vous avez reçu, vous êtes sous la dépendance de celui dont la générosité vous a submergé. Les relations de réciprocité sont la base même d'un échange de ce type, qui n'est pas monétaire : l'argent n'a pas d'odeur, ne suppose pas un retour à l'envoyeur, tandis que le cadeau que donne le Grec reste d'une certaine façon lié au donateur.

Propos de Jean-Pierre Vernant recueillis en 2005 par P. van Eersel et S. Michelet et publiés dans *Nouvelles Clés* n° 44 (hiver 2004-2005).

Le Vocabulaire des institutions indo-européennes, d'Émile Benveniste

Émile Benveniste (1902-1976) a consacré sa vie à la linguistique de l'indo-européen, ancienne langue commune aux langues grecque, latine, perse, germaniques, slaves, celtes et baltes. L'une des notions clés de la civilisation antique, explique-t-il, est celle de l'hospitalité, qu'il classe parmi les « relations de compensation ».

Ce type de relations entre individus ou groupes ne peut manquer d'évoquer la notion du *potlatch*, si bien décrite et interprétée par Marcel Mauss dans son mémoire sur « le Don, forme primitive de l'échange », *Année sociologique*, 1924. Ce système, connu chez les populations indiennes du Nord-Ouest de l'Amérique, consiste en une suite de dons et contre-dons, un don créant toujours au partenaire l'obligation d'un don supérieur, en vertu d'une sorte de force contraignante. C'est à la fois une fête, liée à des dates et des cultes ; un phénomène économique en tant que circulation des richesses ; un lien entre les familles, les tribus et même leurs descendants. […]

[Cette] institution existe dans le monde grec sous un autre nom : *xénos* (ξένος) indique des relations du même type entre hommes liés par un pacte qui implique des obligations précises s'étendant aussi aux descendants. La *xénia* (ξενία), placée sous la protection de Zeus Xénios, comporte échange de dons entre les contractants qui déclarent leur intention de lier aussi leurs descendants par ce pacte.

Émile Benveniste, *Le Vocabulaire des institutions indo-européennes,*

Attente de Dieu, de Simone Weil

Comment Hécube, touchée par les pires malheurs, devient-elle en quelque sorte inhumaine ? C'est le crime de Polymestor qui, après tous les deuils qu'elle a subis, fait basculer Hécube dans cet au-delà de la souffrance qu'est le malheur absolu. On peut comprendre Hécube en lisant ces réflexions de Simone Weil s'interrogeant sur la possibilité de la rencontre avec Dieu en un temps qui est celui de la barbarie et de l'inhumanité nazies.

Entre le malheur et tous les chagrins qui, même s'ils sont très violents, très profonds, très durables, sont autre chose que le malheur proprement dit, il y a à la fois continuité et la séparation d'un seuil, comme pour la température d'ébullition de l'eau. Il y a une limite au-delà de laquelle se trouve le malheur et non en deçà. Cette limite n'est pas purement objective ; toutes sortes de facteurs personnels entrent dans le compte. Un même événement peut précipiter un être humain dans le malheur et non un autre.

La grande énigme de la vie humaine, ce n'est pas la souffrance, c'est le malheur. […]

Quand on frappe avec un marteau sur un clou, le choc reçu par la large tête du clou passe tout entier dans la pointe, sans que rien s'en perde, quoiqu'elle ne soit qu'un point. Si le marteau et la tête du clou étaient infiniment grands, tout se passerait encore

de même. La pointe du clou transmettrait au point sur lequel elle est appliquée ce choc infini.
L'extrême malheur, qui est à la fois douleur physique, détresse de l'âme et dégradation sociale, constitue ce clou. La pointe est appliquée au centre même de l'âme. La tête du clou est toute la nécessité éparse à travers la totalité de l'espace et du temps.
Le malheur [...] est un dispositif simple et ingénieux qui fait entrer dans l'âme d'une créature finie cette immensité de force aveugle, brutale et froide.

SIMONE WEIL, *Attente de Dieu,* « L'Amour de Dieu et le malheur », © Fayard (1966).

Remerciements : à Jean Delabroy
pour la communication qu'il nous a faite en avant-première
de sa nouvelle traduction d'*Hécube*.

Conception maquette : Hatier

Réalisation : Les Belles Lettres

Édition : Isabelle Stiégler et Élodie Ther

Relecture, corrections : Élodie Ther

Achevé d'imprimer par Normandie Roto Impression s.a.s., 61250 Lonrai - France
N° d'imprimeur : 114102 - Dépôt légal : n° 95338-5 / 02 - Novembre 2011